谨 以

此书庆祝上海市文物保护研究中心成立五周年

上海市文物保护研究中心

水下考古译丛

水下遗址出水文物保护方法

Methods of Conserving Archaeological Material from
Underwater Sites

【美】唐纳·汉密尔顿 著

赵荦　金涛 译

上海交通大学 出版社
SHANGHAI JIAO TONG UNIVERSITY PRESS

内容提要

本书为上海市文物保护研究中心"水下考古译丛"之一,是美国得克萨斯农工大学人类学系文物保护课程使用的实验室手册。主要内容涉及水下遗址(特别是海洋遗址)出水文物的保护,包括有机质(骨质、角牙质、丝质、皮质、木质等)文物、金属制品(铁器、银器、金器和合金制品等)、瓷器和玻璃器皿等多种材质文物的保护过程。本书适合从事出水文物保护工作者、水下考古工作者使用。

图书在版编目(CIP)数据

水下遗址出水文物保护方法/(美)唐纳·汉密尔顿(Donny Hamilton)著;赵荦,金涛译. —上海:上海交通大学出版社,2020

(水下考古译丛)

ISBN 978-7-313-20157-7

Ⅰ.①水… Ⅱ.①唐…②赵…③金… Ⅲ.①水下—文物保护—方法

Ⅳ.①G26

中国版本图书馆 CIP 数据核字(2018)第 207294 号

水下遗址出水文物保护方法

SHUIXIA YIZHI CHUSHUI WENWU BAOHU FANGFA

著　者:	[美]唐纳·汉密尔顿	译　者:	赵荦 金涛
出版发行:	上海交通大学出版社	地　址:	上海市番禺路 951 号
邮政编码:	200030	电　话:	021-64071208
印　制:	苏州市越洋印刷有限公司	经　销:	全国新华书店
开　本:	710mm×1000mm　1/16	印　张:	17
字　数:	227 千字		
版　次:	2020 年 7 月第 1 版	印　次:	2020 年 7 月第 1 次印刷
书　号:	ISBN 978-7-313-20157-7		
定　价:	128.00 元		

水下考古译丛
编委会

系 列 序

国际水下考古的历史可以追溯至 1535 年意大利内米湖罗马沉船调查,弗朗·西斯科·德·马其用简陋的设备潜入水中并发现了沉船,确认了部分铺砖甲板和锚。随着潜水设备的发展,特别是 1943 年自携式水下呼吸装置(self-contained underwater breathing apparatus,SCUBA)的发明,考古学家能够较长时间地潜入水下进行调查和发掘。1960 年,美国考古学家乔治·巴斯在土耳其格里多亚角海域拜占庭时期沉船遗址的考古工作中,开创性地在水下实践了考古学方法,成为水下考古发展史上的又一个里程碑。此后,法、英、美等西方国家的考古学家又在多个海域开展水下考古工作,不断发展和完善水下考古的技术与方法。

伴随着水下考古实践的开展,各类水下文化遗产被发现和认识,其中数量最多是沉船遗址,如著名的历史沉船瑞典瓦萨号、英国玛丽罗斯号、韩国新安沉船、印尼黑石号沉船等。与此同时,水下考古实践的对象也不断在时间和空间上进一步拓展。如美国在阿留申群岛、珍珠港海域对两次世界大战期间战舰和飞行器的水下考古调查;英、法两国海军也与水下考古学家合作,对第二次世界大战期间海外沉没战舰进行了水下考古和发掘。不仅如此,美国还对内河和水库中的水下文物进行了抢救性水下考古,于 20 世纪 40 至 70 年代对其境内主要河流和 28 个州的 213 个库区进行了调查,记录了约 2 350 处考古遗址,发掘了 30 余处遗址。

水下考古不仅是考古调查与发掘,船舶的移动性还延伸出了以水下文物所有权为代表的法律性问题。譬如 1985 年,沉没于北大西洋近 4 000 米深海底的泰坦尼克号沉船的打捞权被独家授予普利尔展览旗下的 RMS 泰坦尼克子公司,超过 5 000 件包括瓷器、银质餐具和船体构件的实物资料被打捞出水,引发了船只飞行器等水下文化遗产所有权等法律问题。

水下考古还伴随着对出水文物的保护和展示的思考。各类文物在长期的水下埋藏过程中,不断与海水产生化学、物理和生物的交互作用;在发掘出水以后,又面临着严峻的脱盐、脱水和防腐等需要解决的问题。出水文物保护是水下考古工作中不可或缺的重要组成部分。无论是水下沉船还是人工制品,在完成保护修复以后,最常见的展示方式是在博物馆中将沉船遗骸、机械装置或船载文物呈现给公众。但是,水下文化遗产的展示方式也必须是多样性的:以第二次世界大战期间沉没于珍珠港的亚利桑那号沉船为代表,美国在沉船遗址原址上建立了纪念馆,以此来缅怀在战争中丧生的军民;还有一些国家和地区采用水下考古径和沉船潜水等方式向公众展示水下文化遗产。

我国的水下考古事业始于 1987 年,30 余年来取得了非凡的成绩。广东南海 I 号沉船、辽宁绥中三道岗元代沉船、广东南澳 I 号沉船、海南西沙华光礁 I 号沉船、宁波象山小白礁 I 号沉船、辽宁丹东致远舰、重庆白鹤梁水下题刻遗址等水下文化遗产的发现、研究和展示,丰富了我国海江的历史文化内涵,扩展了古代文明的尺度。近年来随着“一带一路”倡议和“海洋强国”战略的深入实施,国家对水下文化遗产保护、水下考古事业的支持力度逐年加大,水下文化遗产保护事业已经成为文博事业发展的新增长点和亮点。

近些年,上海积极开展水下考古调查、水下考古科技创新和摸清水下文化遗产家底工作，在长江口海域已经确认了长江口一号和二号两艘具有重要历史价值的沉船，为海上丝绸之路和长江黄金水道研究提供了全新的实物证据；智能化水下考古科技创新取得新进展，成功申请了发明专利，并获得了上海市技术发明奖；根据历史海图和文献资料，梳理出上海长江口和杭州湾水域近 200 处水下遗迹点，建立水下文化遗产地理信息系统。在上海一跃成为我国水下文化遗产较为丰富的省市之一的同时，也对我们水下考古实践和研究都提出了更高的要求。

深海、沿海、内水和水库内淹没水下遗迹的调查和研究，近现代沉没的船只和飞行器，水下考古遗迹遗物的保护和展示，都是值得讨论和研究的话题，国外有着丰富的案例和著述。"水下考古译丛"便是对国外水下考古工作和研究的"局部呈现"。我们已经实施了囊括国际水下文化遗产法律法规、国际水下考古和海洋考古概况、水下文化遗产保护和管理、出水文物保护、古代造船技术等领域多部著作的翻译出版计划。希望借此迈出"请进来、走出去"的步伐，把国外同行的研究和工作展现出来，一是实现国内外同行的交流，为下一步我国水下考古全面走向世界略尽绵薄之力，二是希望国内水下考古从发现研究中加入阐释展示和利用的因素，从传统的历史考古研究，扩充至社会、文化和经济的共同发展，提升学科的价值。

丛书编委会

2018 年 12 月

前 言

　　中国水下考古从 1987 年开始以来,取得了非凡的成绩。南海Ⅰ号沉船、绥中三道岗元代沉船、南澳Ⅰ号沉船、西沙华光礁Ⅰ号沉船、象山小白礁Ⅰ号沉船、辽宁丹东致远舰、白鹤梁水下题刻遗址、江口沉银遗址等水下遗存的发现,丰富了我国海江的历史文化内涵,扩展了我国古代文明的尺度。我国的水下文化遗产保护取得了举世瞩目的成绩。

　　近年来,上海市积极开展水下考古调查、水下考古科技创新和水下文化遗产摸底工作,在长江口海域已经确认了长江口Ⅰ号和Ⅱ号两艘具有重要历史价值的沉船,为海上丝绸之路和长江黄金水道研究提供了全新的实物证据;智能化水下考古科技创新取得了新进展,机器人水下考古装备关键技术与应用获得上海市技术发明二等奖;根据历史海图和文献资料,梳理出了上海长江口和杭州湾的 193 处水下遗迹点,建立了水下文化遗产地理信息系统,上海市一跃成为水下文化遗产丰富的城市之一。

　　追溯国外水下考古的历史和进展,总会提及 1535 年意大利内米湖罗马沉船调查,弗朗·西斯科·德·马其用极其简陋的设备潜入水中发现了沉船,确认部分铺砖甲板和锚。此后，随着潜水设备的发展，尤其是1943年便携式水下呼吸器的发明，越来越多的水下遗迹和遗物被发现和认识，十分著名的如瑞典瓦萨号、英国玛丽罗斯号、韩国新安沉船、印尼黑石号沉船等。

此外，美国水下考古学家和海军在阿留申群岛、珍珠港海域对两次世界大战期间战舰和飞行器展开水下考古调查，二战期间沉没于珍珠港的亚利桑那号沉船遗址得以原址保护与展示，多处沉船遗址公布为国家公园并受到法律保护。不仅如此，英法两国海军也与水下考古学家合作，对二战期间海外沉没战舰进行水下考古和发掘。

美国还在20世纪40—70年代对境内主要河流进行调查，并将水库抢救考古的职责划归国家公园管理局。美国调查了位于28个州的213个库区，记录了大约2 350处考古遗址，对36个遗址实施发掘。

1985年，沉睡在北大西洋海底近4 000米的泰坦尼克号被发现，其打捞权被独家授予普利尔展览旗下的RMS泰坦尼克子公司，超过5 000件实物资料被打捞出水，包括瓷器、银质餐具和船体构件，随后的一系列诉讼再次提出非学术打捞、沉船文物处理等问题。

此外，船只飞行器等水下遗物所有权类的法律问题，深海、沿海、内水和水库内淹没水下遗迹的调查和研究，近现代沉没的船只和飞行器，水下考古遗物、遗迹的展示和利用都是值得讨论和研究的话题，而国外对于这些话题拥有丰富的案例和著述。

"水下考古译丛"是对国外水下考古工作和研究的"局部呈现"。我们已经实施了囊括国际水下文化遗产法律法规、国际水下考古和海洋考古、水下文化遗产保护和管理、出水文物保护、古代造船技术等领域超过5本专著的翻译出版计划。希望借此迈出"请进来、走出去"的步伐，把国外同行的研究和工作展现出来，一是实现国内外同行的交流，为我国水下考古全面走向世界略尽绵薄之力，二是希望国内水下考古领域在发现研究的基础上添加阐述展示利用的因素，从传统的历史考古研究，扩充至社会、文化和经济的共同发展，提升学科的科学价值。

丛书编委会

2018 年 9 月

目 录

第一章

考古文物保护概论和基本规程

一、文物保护简介

在制订海洋考古工作计划或发掘期间,出水文物保护是最重要的考量因素之一。发掘人员或打捞者有责任让出水文物得到妥善的保护。文物保护的过程往往比发掘本身还要费时费钱。然而如果不进行保护,大部分文物将损毁,珍贵的历史信息也会随之丢失。无论是对发掘者,还是对未来可能希望重新审视这些材料的考古学家来说,都将是重大损失。

海洋环境出水文物保存状况通常较好,但是质地极其脆弱。一般来说,厌氧环境(即埋藏在沉积物里)出水文物的保存状况往往比有氧环境(即海水中或沉积物表面)出水文物的保存状况要好。如果没有得到及时恰当的保护处理,出水文物将会快速劣化,导致无法进行研究或展出。皮革制品、木器、纺织品、绳索、植物遗存等有机质文物,若不进行脱水干燥,则会瓦解崩裂并在数小时内变成一堆粉末和碎屑。铁器根据其尺寸和密度的不同,虽然可以保存数天至数月,但最终也会因锈蚀导致无法展出或进行标本分析。骨制品、玻璃器皿、陶器及其他类似器物如不进行保护处理则会逐渐失去光泽,在极端情况下,甚至会变成一堆毫无价值的碎片。基于上述原因,在海洋考古发掘中,文物保护问题是需首要考虑的问题。

在具体讨论文物保护之前,先要明确"文物"(artifact)的定义。本书采用《美国联邦条例》第 36 部第 79 段第 4 节的定义(US Department of Interior 1991)。

藏品（collection）：在史前和历史遗迹遗物调查、发掘和研究过程中通过考古发掘或清理等方式获得的物质遗存以及与此过程相关的记录。

物质遗存（material remains）：在勘查、评估、记录、研究、保护、复原史前或历史信息的过程中被发掘或清理的人工制品、器物、标本及其他实物证据。物质遗存的种类包括但不限于以下几个方面：

（1）建筑的结构及其特征（如房屋、磨坊、码头、要塞、道路、土垒和土墩等）。

（2）完整或残缺的人工制品（如工具、武器、陶器、编织器和纺织品等）。

（3）人类使用过的完整或残缺的天然物品（如水晶、羽毛和颜料等）。

（4）在生产或使用人造或天然物品过程中产生的副产品、残次品或残渣（如炉渣、垃圾堆、石核和石砾等）。

（5）有机物质（如粪化石、动植物遗存等）。

（6）人类遗骸（如骨骼、牙齿、干尸、肉体、墓葬和骨灰等）。

（7）岩画、象形文字、雕刻等艺术作品或象征符号。

（8）沉船（如船体部件、帆装、武器、服装、索具、船内物品和货物等）。

（9）环境和可测年标本（如花粉、种子、木头、贝壳、骨骼、炭、树芯、土壤沉积物、黑曜石、火山灰及陶土等）。

（10）与史前及历史资料有直接接触的古生物标本。

关于考古发掘中的"相关记录"包含的内容，本书仅涉及考古发掘中出现的文物或相关记录，档案或艺术类藏品则不予考虑。因为档案或艺术类藏品已经有了保护标准，在许多方面与为考古材料建立的《美国联邦条例》非常相似。需要做的是从一开始就做好记录工作，包括所有保护处理记录以及出水文物和挑选出的文物的整套记录。

下面讨论海洋遗址出水文物的保护方法，对只适用于陆地遗址出土文物的保护技术，本书将不涉及。这一部分包括八个主题：①概论和基本规程；②黏合剂和加固剂；③陶瓷器和石器；④玻璃器皿；⑤骨、牙质文物；⑥木质文物；⑦皮革制品;⑧金属制品。每个主题下将会有适当的细分。本书涉及的所有技术手段不与任何已知的联邦法规法律相冲突,因此其使用不受限制。

　　本书会对每种保护技术所需的人力及资源投入做一个简短的说明。在介绍每种处理方法时,将列出所需化学品清单和必要设备清单。当然,有些过于明显无须说明的则会省略。例如,如果一件物品需要用碳酸钠溶液冲洗,那么碳酸钠、水和一个装盛物品的容器很明显就是必需的。如果在冲洗过程中必须加热溶液和器物,那就还需要金属容器和热源(如煤气炉、电热板、烤箱)。由于每次保护处理的变量太多,成本取决于待处理器物的大小和所需的时间,而这些都无法精确地估算,所以无法预估任何特定成本。比如同一条船上的长钉和大炮,用同样的方法进行保护处理,其花销分别是多少?这种计算只是数字游戏,没什么实际意义。

　　任何关于短期和长期保护目标的讨论同样没有意义。从保护处理的角度来讲,短期目标和长期目标并不相悖,最好的选择就是文物经处理后能在存储或展示环境中保持稳定。对于特定的器物,一些可行的替代性保护处理方案可以供未经培训的人员在仅有最少的专业设备时使用,不过,只有能成功保护目标文物时才能使用这些方案。就本书而言,近期保护的目标是恰当地保管文物,直至长期保护的目标的合适的处理方法可以实施。如有可能,我们将做出评论。近期保护的目标在决策时最为重要,例如一个机构是否希望将保护工作委托给现有的实验室,或者是创建自身的保护力量以保存将来所有可能获得的文物。

二、文物保护的基本文献

　　包括海洋环境在内,保护、处理各种环境中获取考古材料的文献浩瀚如烟。不过近年来,很多可用数据已经汇编在一些出版物中,保护、处理海洋遗址出水文物所需的大部分知识从相对较少的出版物中就可获得。除了本书,还应参阅以下出版物以获取更多详细信息,这些也是迄今为止海洋考古出水文物保护领域最重要的出版物。

Cronyn，J. M. 1990. *The Elements of Archaeological Conservation*. Routledge，London.

Grattan，D. W.，ed. 1982. *Proceedings of the ICOM Waterlogged Wood Working Group Conference*. Waterlogged Wood Working Group，Committee for Conservation，ICOM，Ottowa.

Hamilton，D. L. 1975. *Conservation of Metal Objects from Underwater Sites：A Study in Methods*. Texas Antiquities Committee Publication No. 1，Austin，Texas.

_____.[①] 1996. *Basic Methods of Conserving Underwater Archaeological Material Culture*. US Department of Defense Legacy Resource Management Program，Washington，DC.

ICOM Waterlogged Wood Working Group Conference. 1985. *Waterlogged Wood：Study and Conservation*. Proceedings of the 2nd ICOM Waterlogged Wood Working Group Conference，Grenoble，France.

Pearson，C.，ed. 1987. *Conservation of Marine Archaeological Objects*. Butterworths，London.

Plenderleith，H. J. and A. E. A. Werner. 1977. *The Conservation of Antiquities and Works of Art*. Oxford University Press，Oxford.

这些基本的参考文献加上《美国保护协会期刊》(*Journal of the American Institute for Conservation*)、加拿大保护研究所、盖蒂保护研究所、国际博物馆协会以及伦敦的国际保护和艺术品研究所(International Institute for Conservation and Artistic Works)(其发行的《保护研究》是保护领域的主要期刊)出版的各类

---

① 原文如此，表示作者同上篇。后面参考文献中出现相同情况的不再加注。——编注

文章和论文,是海洋遗址出水文物保护的核心参考资料(见参考书目)。尚未公开出版的毕业论文、保护实验室编写的论文、文保人员之间的交流和个人经验都是补充资料。

以下讨论是上述资料的结晶。尽管如此,仍无法替代上述参考文献中的更详细的介绍。文物保护永远不能采用按图索骥的"食谱"法,而是需要丰富的个人经验,结合对可用技术和方案的全面了解,才能应对大量的不同情况。即便拥有这些知识和经验,也总会有一些处理失败的案例。此外,出于种种原因,有时会出现某件文物根本无法保护的情况。

三、文物保护的道德规范

以下是国际文物修护学会(International Institute for Conservation,IIC)对所有文保人员提出的与文物保护相关的道德规范。这些规范是为了保护艺术品而制定的,但也普遍适用于考古文物的保护。部分条目有附加注释加以说明。了解这些规范有助于文保人员决定和选择文物处理方案。

1. 尊重器物完整性

文保人员的所有专业操作都必须始终以尊重文物的美学价值、历史意义及物理外观的完整性为准则。不论文物的现状还是价值,都应保存其美学、历史、考古和外观的完整性。进行保护处理后,文物应尽可能多地保留特征。应优先选择能保存更多文物特征的保护方案。

2. 能力和设备

文保人员有责任仅在其专业能力和可用设备范围内,实施对文物或艺术品的研究或处理工作。

3. 统一标准

文保人员在处理文物或艺术品时,无论其个人对文物价值或品质的看法如何,都应遵守最高和最严格的处理标准。虽然具体情况可能会限制处理的程度,但处理的质量绝不能由对文物的价值或品质的看法决定。规模化处理大量物品,如文件和自然历史材料时,可能需要特殊的技术,但这些技术应与文保人员尊重器物完整性的原则一致。

4. 处理的适宜性

文保人员不应实施或推荐任何不符合文物或艺术品最佳利益的处理方法。对专业人士而言,处理的必要性和质量比得到报酬更重要。

不应使用不符合文物最佳利益的处理方法。即使再便宜、再便捷或耗时再短,任何有可能损坏文物的处理方法都应避免。因此,决定文物的最佳处理方法与短期和长期保护的目标无关。

5. 可逆性原则

文保人员在处理文物时应遵循"可逆性原则"。应避免使用未来移除时可能危及文物自身安全的保护材料,也应避免使用处理结果不可逆的方法和技术,以备不时之需。

如果将来文物需要再处理,那么当下就不能使用任何可能损坏文物的处理方法。一般来说,所有处理都应该是可逆的。文保人员需认识到当下的保护处理不可能一劳永逸,也不会超越所有未来的技术。如果对文物的处理是可逆的,那么就有可能再处理,文物可以得到持续保护。然而在保护考古遗址出土文物,尤其是海洋遗址出水文物时,往往不能遵守这个原则。文保人员保护文物的机会可能只有一次,因此可能不得不采取不可逆的技术。目前,考古文物保护中的可逆性与不可逆性概念是专业人士密切关注的热点。众所周知,许多所谓的"可逆过程"实际上是不可逆的。而事实上,处理浸水木材时使用"不可逆"的硅油工艺比使用"可逆"工艺(如聚乙二醇),成功进行再处理的可能性更大。

6. 外观修复的限制

为了填补器物损坏或缺失的部分,文保人员可以根据对先前的所有者、保管人以及艺术家(假如尚在人世)的了解,进行或多或少的修复。不过,文保人员要明白,从职业道德的角度出发,对器物的修复不能改变其已知的原始特征。

7. 持续自我学习

每个文保人员都有责任及时掌握自身领域的最新知识,并不断发展自己的技能,以便能够在允许的情况下给文物最佳的处理。

8. 辅助人员

文保人员有义务全程监督和规范所有辅助人员、学员和志愿者,在其专业指导下保护和保存文物及艺术品。文保人员若不能到现场指导工作,就不应与客户签订合约或接受聘用管理非专业人员。

就海洋考古学而言,文物保护不仅仅是一套程序和处理方法。文保人员通常是第一个看到文物的人,若文物非常脆弱,还有可能是唯一实际见到文物的人。此时,文保人员是这些文物的研究者、修复工、看护人和记录员。如同考古一样,文物保护也要有一种意识,即对文物完整性及其所代表的历史信息的深切关注。

四、文物保护的基本原则

文物处理包括保护和修复。保护是指对文物的记录、分析、清理和使之稳定的过程。清理和稳定的主要目的是阻止并预防文物与环境之间的不良反应。修复是指修理损坏的文物，更换缺失的部分。一件文物可能需要保护和修复，但是在任何情况下，前者要都优先于后者。修复必须在保护之后进行。本书只讨论文物处理的保护部分。

由于文物是考古研究的主要对象，因此文物保护不应改变其原貌，也不应改变其科学属性。文保人员在处理文物标本时，应该尽可能多地保留特征数据，并保持其化学稳定性。所有处理应尽量保留文物的原始表面、形状和尺寸，即文物的特征。此外，如果有可能，所有处理应尽可能可逆。这就意味着保护处理不可能一劳永逸，也不可能超越所有未来的技术。如果文物处理是可逆的，那么就有可能再处理，也能确保文物的可持续保护。

保护处理时的基本态度和方法是谨慎的，如同普伦德莱思和沃纳（Plenderleith，Werner 1971：16 - 17)指出的那样，一件文物过去的历史赋予了它年代和起源的重要特征，从而验证文物的真实性。因此，必须对文物进行初步检查，确定处理方案能保持文物完整，并保留与其制造生产或微观结构有关的所有显著属性及特征。在某些情况下，腐蚀层可能包含了有价值的考古信息，那样就需保存腐蚀层不能随意移除。只有当腐蚀物性质不稳定、遮盖了文物的潜在细节或影响了文物的外观时才能去除它。需要强调的是，我们必须听从普伦德莱思和沃纳（Plenderleith，Werner 1971：17)的忠告："这项工作不仅要求知识、远见、智慧和灵巧，还要求无限的耐心，绝不可急于求成。"

任何从特定文物上获取的基本数据信息都至关重要，所有文物保护实验室最关注的问题之一就是如何记录和保存这些信息。除了保护文物，考古文物保护工作通常还要考虑更多的问题。文保人员的职责之一是使文物稳定，从而保留文物的形制和特征。在处理需要记录背景资料的考古材料时，背景资料记录与文物保护需要得到同等重视和优先考虑。考古与文物保护之间的密切关系，在海洋考古和保护中得以体现。

我们必须不断强调，文物的妥善保护至关重要，因为文物保护不仅能保留过去的物质遗存，还能够提供几乎与现场发掘和档案研究一样多的考古数据资料。如果用考古学的物质文化观点来审视文物保护问题，就会发现文物保护工作突出了考古记录的性质和潜在价值，展现了各种不同类型材料关联的重要性。考古学的一个基本前提是文物的分布和形制具有文化意义，是对过去文化活动的反映。通过研究一个文化的物质遗存，可以深入了解其运作方式。

五、文物保护在海洋考古中的地位

水下考古是第二次世界大战后才发展起来的，水肺的发展使得考古学家可以接近浸没的水下遗址，特别是浅水地带的水下遗址。现代技术的进步引领着考古学家进入更深处的海底沉船，如 CSS 巴拿马号和 USS 监测者号。不过，水下考古与陆地考古的技术和标准相同。戈金（Goggin 1964：302）认为水下考古是"考古学家从水下获取过去的人类遗存和文化资源并加以解释的过程"，这个定义只有在被更明确的定义加以限定的情况下才能成立，例如"考古学可以定义为研究文物所表现的形制、时间和空间之间的相互关系。换句话说，无论考古学家的兴趣多么广泛，他们总是会关注这些相互关系，这些相互关系就是考古学的专业领域"（Spaulding 1960：439）。这些定义把考古学与不受控制的打捞和"寻宝"区分开来，前者是科学研究，后者则旨在获取文物或珍宝。

水下考古遗址有淡水和海水之分，包括以下几类：①沉没的废墟遗址；②被淹没的聚落或港口；③神庙或宗教场所，如奇琴伊察的灰岩坑；④沉船（Goggin

1964：299）。虽然对沉船的保护是本书的主题，但书中的保护技术适用于任何水下遗址和大多数陆地遗址的金属文物。

沉船是一种特殊的考古遗址，可以将其比作时间胶囊："突发而来的灾难使得这些水下残骸实质上成为了意外的时间胶囊。世界各水域沉积了大量从古至今的文物，供后人定位、打捞、识别和保存"（Peterson 1969：xiii - xiv）。虽然这种说法是正确的，但这是典型的以文物为导向的观点。这些时间胶囊里有更多的可用数据，而不仅仅是文物和物质遗存。相较于沉船及其所含之物，人类学家和历史学家对人类活动的兴趣更大。只有把沉船视作文明体系的一部分，并构建沉船遗址内物质材料之间的相互关系，社会群体的历史往事才能被揭示出来。

一艘船从启航之日起，就是一个自给自足、自成体系的文化缩影，代表了特定时间段内独立生活所必需的物品。船员、官员和乘客通常代表不同的社会阶层，舱室和用品区分了阶层。即使船只沉没，它们的阶层也可以在船上显示出来。获取的文物资料有可能涉及技术、贸易、船员和乘客的个人物品、武器装备、军备政策、货币系统、导航设备、船舶建造、船上生活，也可能通过某些遗骸的分布情况获取它们所代表的社会意义或功能信息。私人物品上面往往加盖或标记了税收、所有权、矿山、船运或其他类型的印章，以提供额外的线索。这些潜在的丰富信息通常可以与档案资料进行核对和比较，相互佐证和重新解读。

只有组织严密、目标明确的发掘才能获取这些信息。博尔海吉（Borhegyi 1964：5）在提到水下考古学时指出，"如果有人在今天使用 19 世纪的发掘技术，那是不可原谅的"。目前，任何准备充足的水下考古工作都应在发掘前妥善规划保护措施，绝不能草率或轻视保护工作。如果不制订保护计划，丢失的数据信息可能比得到的还要多。

从水下考古遗址打捞文物必然会破坏遗址的考古学背景，所以考古学背景只有在考古学家的现场笔记、绘图和照片中才能保留下来。因此必须做详细的记录，否则就不是考古发掘，而是不受控的打捞作业，产出一个简单的文物清单。即使是不受控制的发掘，从中获得的有限信息也可以是重要和有价值的，通常可以根据文物来确定船只的年代和国籍。所有的关联都不具有单独的文化意义，但考古发掘应假定所有的关联都有意义，这样就能顾及学科体系的问题和该遗址的具体问题。

海洋出水金属文物保护与淡水出水金属文物保护差异很大。各种海洋（特别是加勒比海和地中海等温水环境）出水文物，尤其是金属文物，表面通常覆盖厚厚的坚硬结壳，结壳包含碳酸钙、氢氧化镁、金属腐蚀产物、沙子、黏土和各种形式的海洋生物，如贝壳、珊瑚、藤壶及其他动植物。术语"凝结物"是指可能包含一件或多件人工制品的凝结物。这类凝结物的体积可以从单枚硬币大小到重达数千磅、包含数百件不同材质文物的巨大团块。

对凝结物及其包含物的适当保护类似于对遗址的发掘。任何处理凝结物的实验室都有下列职责：①在保护技术许可的条件下，保护和稳定文物；②尽可能多地收集有用数据。相当多的信息只能通过文保人员的现场观察才能收集。记录范围要广泛，包括凝结物，凝结物内的包含物，使用的保护技术，黑白、彩色照片和 X 光照片。凝结物内破碎解体的器物和重要的印痕需翻模。要留意常见物品，如陶瓷碎片、布片、钉子、皮带和动物骨骼。甚至对不那么明显的遗迹，如种子和昆虫的印痕，也应发现和记录（如从 1554 年西班牙 Plate 舰队遗址发掘的凝结物中发现了蟑螂的印迹）。换句话说，文保人员处于一个独一无二的位置，他们为考古学家提供有价值的证据，为实验室研究提供原始保护数据。这再次说明，对有着大量包含物的大型凝结物的调查，类似于对遗址内部结构的发掘，每个凝结物的位置和方向必须在从海床上捞起之前精确绘制，以便保护实验室中复原的数据可以与遗址相对应。

图 1.1 是从圣埃斯特万号（San Esteban）沉船遗址清理出的数件大型凝结物之一。圣埃斯特万号是 1554 年在得克萨斯州帕德里岛失事的西班牙 Plate 舰队的三艘沉船之一。这件凝结物内有两件锚、一门有木质底盘的火炮、炮栓和许多

较小的器物,凝结物的长度超过 4 米、重量超过 2 吨。实验室必须有足够的空间和设备来容纳这样大的物体,进行机械清理,恰当地保护清理出的标本,并尽可能地翻模一些解体文物的原始模型。此外,还需要展示一些被凝结物包裹的文物。实验室必须配备叉车、链式提升机、大型水槽、专用直流电源、数百公斤化学试剂和数千升去离子水等其他资源。保护实验室必须能从如图 1.1 所示的凝结物中获取一系列稳定的文物。

图 1.1　大型凝结物(圣埃斯特万号)

凝结物形成的大小和程度取决于当地的海洋环境。淡水环境不会形成凝结物,热带海水中则常见,而北方寒冷的海水里形成的凝结物则极薄。当凝结物较薄时,翻模技术就不那么重要,与凝结物相随的器物数量也会减少。

一些寻宝人士通常认为,除了文物来源,遗址现场的描述并不必要,因为它们的相互关系并不显著。他们认为船只构件及其船货的分布模式多年来已被水浪作用和流动的沙子所破坏。这种说法可能适用于某些沉船,但是这种主观随意的态度肯定会导致相当多的考古数据被破坏。因此要记住,对人类学导向或历史学导向的研究者来说,不论是在考古现场还是实验室内,详尽的档案记录、谨慎的文物保护和完好的实验室记录都可以提供解决各种问题的信息,为了解沉船提供可观的数据。

六、基本保护规程

任何考古项目都必须包括遗址保护，尤其是水下考古遗址，即位于沼泽、河流和海洋中的遗址。在所有水下遗址中，海洋出水文物对文保人员而言最具挑战性。盐浸透了海洋环境出水文物，打捞出水后必须除盐。此外，海水环境加速了很多金属文物的腐蚀过程。如果没有及时除盐和进行保护，它们将随着时间的推移劣化，最终变得无法研究或在博物馆展出。

考古项目负责人在发掘前，应考虑以下因素：

（1）预测考古项目可能遇到的情况，无论是调查、试掘还是全面发掘。

（2）掌握发掘材料可能经历的破坏、腐蚀和退化的类型。

（3）在考古发掘现场要有具备保护经验的人员协助发掘，确保发掘材料得到妥善处理。

（4）在开始任何可能获取文物的操作前，要先安排保护处理工作。这可能意味着与实验室签订合同，或为项目购置专门设施。如果是后者，要确保实验室设备齐全，并由有水下文物保护领域工作经验的文保人员领导。所有发掘所获得的文物应由经验丰富的文保人员直接保管直至稳定。

（5）始终牢记这是一个考古项目，而考古项目不会止于现场，会在实验室内持续下去，实验室中获取的基本考古数据与现场一样多。必须将考古现场及保护实验室的信息和记录综合起来，才能正确地诠释考古资料。

1. 现场保护

许多项目会在发掘现场附近设立一个现场保护实验室。对于远离主要实验室的遗址而言，的确必须如此。然而在大多数情况下，现场保护实验室无法与主实验室及其功能相比较。因此，除了一般的编号、采集和文档记录外，建议尽量少使用现场保护设施。参考各方面的文献有助于建立适当的现场保护程序,如皮尔逊(Pearson 1977,1987c)、道曼(Dowman 1970)和劳森(Lawson 1978)等。在海洋考古发掘中,我们建议采用以下现场保护程序(Hamilton 1976):

(1)记录每件文物的精确位置和方向,即船骨、凝结物、单件文物等,并对每件物品进行编号。编号很重要,这样文物在交付实验室处理后,与遗址的关系才不会混淆。

(2)不要在现场去除结壳或文物上的包覆层,因为它们包裹在文物周围形成了防腐蚀的保护层,并保留了文物间的关联。此外,痕迹及完全破碎物品的翻模也可能保存了相当多的数据。

(3)处理酒桶、箱子和匣子等大件器物时,强烈建议在现场只进行最小限度的发掘,用套箱或其他方式保持器物的原样,送至实验室。这样可以保护考古材料,在实验室可以进行更有效的发掘,还可以节省宝贵且昂贵的现场作业时间,因为现场作业总是比保护实验室的时间成本高。最重要的是,这类文物在保护实验室的可控环境下能得到更好的考古发掘。

(4)所有考古材料都需保持湿润,最好储存在用氢氧化钠调成 pH 值为 10～12 的淡水中,海水也可以。这可以抑制进一步的腐蚀。储存时需要避光,以抑制藻类的生长。

2. 实验室保护

从标本交付到最终保存或展示,实验室操作可以分为 6 个基本阶段:

(1)处理前的储存。

(2)保护方法评估。

(3)机械清理。

(4)稳定性处理。

(5)修复(可选)。

（6）清理后的储存或展示。

本书只讨论前 4 个阶段。

1）处理前的储存

一般来说，所有金属器具应浸在含有缓蚀剂的自来水中以防止进一步腐蚀。长期保存时，使用 1% 重铬酸钾的氧化溶液并添加足够的氢氧化钠使 pH 值在 9～9.5之间，效果就很好。也可以使用碱性缓蚀溶液，例如 5% 碳酸钠溶液或 2% 氢氧化钠溶液，但是用于长期储存的效果不太理想（Hamilton 1976：21 - 25）。如上所述，任何附着的凝结物结壳和腐蚀层都应保持原样直至开始保护处理，因为它们形成的保护层能延缓腐蚀。关于预处理保管技术，更全面的讨论请见本书各类材质的章节。

2）保护方法评估

任何器物，特别是包覆了海洋碳酸盐物质的器物，在处理之前都必须进行严格的评估，确定金属、有机材料或其他材料（如陶瓷和玻璃）的存在和状况。只有在每件文物都经过评估、所有的处理选项都已考虑后，才能决定实施方案。

3）机械清理

X 射线分析对于确定每块凝结物内的包含物及其状况是不可或缺的。X 射线也可以用来协助从凝结物中提取文物。使用化学药品去除凝结物外结壳通常是一个非常缓慢且无效的过程，还可能损坏文物。在处理凝结物时，有针对性地使用锤子敲击并辅助以各种凿子，通常是最有效的手段。然而，由于有很多文物会与金属器凝结成块，尤其是易碎品和陶瓷，于是就需要使用小型气动工具。较大的气动焊剂凿特别适合去除大量结壳。在实验室里可以很容易地制造适用于特定目标的凿子，通常需要使用它们从文物上移除附着物，且非常有效。有时可以在清理枪炮的孔洞时使用喷砂法，但绝不能在文物表面使用这种方法。

4）稳定性处理

首先必须强调的是，文物保护不是一门精准的科学，在很多情况下，两位文保人员在处理同一件文物时可能采用完全不同的方式。所有文物保护处理的目标都是文物保持稳定且不会丢失任何特征。通常，任何保护程序都有若干选择和一些余地，以确保文物得到完好的保护。因此这本书中大部分保护程序取决于作者的个人经历和喜好。其他文保人员可能不完全同意这本书的内容，但是所有我们探讨的处理方式均在可替代保护方案的范围内。如有可能，我们将会介绍每种处理方式的优缺点。

第二章

黏合剂和加固剂

在讨论特定材质文物的具体处理方法之前,有必要简短地介绍黏合剂和加固剂。考古文物保护会广泛地使用各种合成树脂,它们对海洋遗址出水文物,尤其是有机质和硅质材料的保护起着重要作用。因此,从事文物保护的专业人员不但需要使用各种树脂作为黏合剂和加固剂,还需要很好地了解其物理特征。

一、黏合剂和加固剂简介

文保人员广泛地使用合成树脂作为黏合剂和加固剂。树脂是由被称为单体的重复单一单元形成的聚合物,这些单体相互之间或与其他类似的分子或化合物以链状或网状结构的方式结合在一起,形成聚合物。树脂可以分为两类：热塑性树脂和热固性树脂,下面将分别进行讨论。

热塑性树脂是指单体聚合形成二维直链且可溶于某些溶剂的聚合物。它们一直处于易熔和可溶状态,然而部分热塑性树脂在长时间暴露于光或热之后,可能转变成不熔也不溶的树脂。这种暴露会导致热塑性树脂线性链之间的化学键发生交联,形成热固性树脂的三维网状特征。

热固性树脂的特点是单体通过化学键连接形成三维网状结构,不熔也不溶于所有溶剂。三维网状结构使得溶剂无法在化学键之间流动,因此热固性树脂不具有可溶性。然而,一些溶剂可能会导致树脂溶胀,形成凝胶。原先,热固性树脂需要通过加热而硬化,称为"热固化"。目前,人们已生产出很多冷固化树脂,如环氧树脂、聚氨酯和苯乙烯,加入催化剂后在室温下就能凝固。

用于文物保护的黏合剂及加固剂有很多,还会定期研发出新产品。最常用的有如下几种(UNESCO 1968;Dowman 1970):

(1) 聚乙酸乙烯酯(PVA)是一种有机溶剂,包括乙烯基树脂 AYAA(V12.5～14.5)、AYAC(V14～16)、AYAF(V17～21)、AYAT(V24～30)、Gelva V7、V15 和 V25 等。

(2) 聚乙酸乙烯酯(PVA)乳液,如 CMBond M2。

(3) 丙烯酸树脂 B-72。

(4) 纤维素硝酸酯,也称为硝酸纤维素,如 Duco。

(5) 聚乙烯醇缩丁醛。

(6) 有机溶剂中的各种聚甲基丙烯酸酯,如 Elvacite 20/3。

(7) 聚甲基丙烯酸酯乳液,如 Bedacryl。

(8) 聚乙烯醇。

(9) 埃尔默超强力乳胶。

1. 聚乙酸乙烯酯

聚乙酸乙烯酯(PVA)是处理考古发掘出土有机物时,现场保护和实验室保护最常用到的热塑性聚合树脂(UNESCO 1968;Ashley-Smith 1983b)。

PVA 既可用作加固剂,也可用作胶水,黏度范围为 V1.5～V60,数字越小,黏度越低。黏度越低,分子质量越低,PVA 的渗透能力就越强。然而,较低黏度的PVA,其黏合强度不如黏度较高的 PVA。此外,较低黏度的 PVA(低于 V7)形成的软膜易招灰尘,并会发生冷流现象。V25 以上的 PVA 表面光洁度很高,但如果单独使用,通常很脆。V7、V15 和 V25 是文物保护中最常用的 PVA 黏度。分子较小的 PVA V7 经常用于较致密的材料,如保存完好的骨骼和象牙;PVA V15 是一种通用树脂;PVA V25 可用作胶水。PVA 也可热封,例如两块 PVA 处理后的布可以通过熨烫来黏合。

PVA 具有良好的光稳定性，不会发黄。它保持可溶性并且不会互相交联变得不可逆。高浓度的 PVA，特别是 V25，可用作表面加固剂或胶水。许多文保人员倾向于用 PVA V25 做胶水，效果很好，特别是陶瓷器的复原。不过，若树脂在湿热的储存条件下冷流过度，用 PVA V25 胶合的陶瓷容器有时会开裂。

PVA 可用于任何非金属材料，如骨骼、象牙、贝壳、鹿茸、牙齿、木材、植物标本、纺织品、壁画和石头等。较低黏度的 PVA（V7 和 V15）稀溶液，经涂刷或喷涂，可用来渗透和加固脆弱的文物。在许多情况下，可以通过把文物浸入 PVA 的稀溶液若干次，使其达到最佳固化状态。干燥的 PVA 膜往往具有光泽，可以在敞口容器内盛放可以溶解 PVA 的溶剂，把文物悬挂在容器上方干燥消除光泽。另外，也可以用无绒布浸透这类溶剂擦拭文物表面消除光泽。在干燥过程中，PVA 的收缩会对被处理文物施加压力，可能会造成易碎的、薄弱的碎片、纺织品、涂有薄漆的表面和其他类似的文物扭曲。

PVA 可溶于多种有机溶剂。PVA 的溶解度与溶剂的挥发性直接相关。溶剂挥发性越高，PVA 的溶解度越高。溶解度越高的 PVA，渗透性就越强。以下是最常见的溶剂，按挥发性从高到低的顺序排列：乙醚（非常易挥发、水溶），酮（常用的最佳溶剂、水溶），苯（剧毒、水溶），二氯乙烯（剧毒、非水溶），甲醇（有毒、累积性毒物、水溶），甲基乙基酮（MEK）（有毒、非水溶），乙醇（变性醇可能有毒、水溶），甲苯（微毒、非水溶），二甲苯（微毒、非水溶），乙酸戊酯（微溶于水）。

无毒的水溶性溶剂最有用，丙酮和乙醇是最常用的溶剂。

PVA 的配制：

慢干PVA 配方	快干PVA 配方
乙醇	丙酮
5%～15% PVA	5%～15% PVA

加入乙酸戊酯可以减缓挥发。乙醇中加入丙酮可以加速挥发，或者任何一种

试剂中加入乙醚均可以大大加快凝固时间。

如果使用硝酸纤维素代替 PVA(不推荐使用),则必须加入 2%(体积分数)硝酸纤维素的三醋精或 5%(体积分数)的蓖麻油以塑化硝酸纤维素,来延缓收缩和变脆,虽然收缩和变脆终将会发生。

购买的 PVA 也可能是乳液,如 CMBond M2。乳液是树脂的细微颗粒在水中的稳定分散体。树脂只是悬浮(而不是溶解)在水中。只要乳液是液体,就可以用水稀释,例如大多数可水洗的内墙乳胶漆实际上是 PVA 乳液。PVA 乳液可以直接施加于潮湿的材料,无须干燥,也无须用水溶性酒精去除水分。乳液可与水混溶,但干燥后,树脂需要与非乳化树脂相同的溶剂。在陶瓷修复中,PVA 乳液比溶剂胶能更好地渗入裂缝,形成肉眼可见的连接。大多数商业PVA 乳液的黏度适合用作胶水,所以必须稀释后才能用作浸渍材料。稀释时,CMBond M2 每 1 g 原料混合物中约含有 0.6 g 树脂。PVA V25,甚至 V15,通常用作胶水。只要 PVA 足够厚就能当胶水用。科布(Koob 1996)提出了另一种可接受的制作胶水的方法,这种用丙烯酸树脂 B-72 制作胶水的方法与 PVA 配方制剂同样好用。

2. 亚克洛德 B-72

亚克洛德 B-72(Acryloid B-72)(在欧洲称为帕拉洛德 B-72,Paraloid B-72)是由 Rohm & Haas 公司生产的热塑性丙烯酸树脂。B-72 在很多应用上已经取代了 PVA,且更受文保人员欢迎。它是丙烯酸甲酯/甲基丙烯酸乙酯共聚物,是一种极好的通用型树脂。B-72 持久耐用不变黄,干燥以后清晰透明,光泽度低于 PVA,即使在高温下也不会变色。B-72 非常耐用,对水、酒精、碱、酸、矿物油、植物油和油脂具有优异的耐受性,并保持着极好的柔韧性。B-72 可以通过各种方法施用在透明或着色的涂层上,进行风干或烘烤。它与敏感颜料的反应性非常低。此外,它可与其他成膜材料共存,如 PVA 和硝酸纤维素,可与其他成膜材料结合使用,产生具有多种特性的稳定、透明的涂层。高浓度的B-72可以用作胶水(Koob 1996)。这种胶水是得克萨斯农工大学保护研究实验室使用的标准胶水。

B-72对乙醇具有很高的耐受性,例如当它溶解于丙酮或甲苯后,可在溶液中加入浓度高达40%的乙醇来控制工作时间。这种特性可以用于强溶剂无法保护的文物。酒精分散液可能是浑浊的或呈乳白色,然而干燥后会形成透明的黏合膜。当疏松的、被盐污染的文物浸泡处理清洗盐分时,其易碎的表面可以用B-72加固,这样不会像即将讨论的使用可溶性尼龙那样产生不良反应。

克利隆·克利尔·亚克力1301(Krylon Clear Acrylic 1301)是将20%的亚克洛德B-66溶于非水溶性甲苯获得的制剂,它很容易制成并且非常适用于固化或密封多种材料的表面。这是一种甲基丙烯酸乙酯树脂,比B-72更硬,在大多数情况下可以替代B-72。

3. 硝酸纤维素

硝酸纤维素,以前被称为硝化纤维素,很久以前就用于文物保护。最近,它在很大程度上被其他合成树脂所取代。硝酸纤维素仍用作黏合剂。它的很多特性与PVA相似,但并不像大多数PVA那样内部塑化。因此,硝酸纤维素与PVA相比,更容易变脆、龟裂和剥落。

硝酸纤维素溶于丙酮、甲基乙基酮和酯类,如乙酸戊酯和乙酸正丁酯。由于它不溶于醇,如乙醇和甲醇,因此可以用它来保护需要不同溶剂的不同固化树脂的复合物。需要添加增塑剂来防止树脂变得太脆。

市场上有许多使用硝酸纤维素的专利。美国销售的杜克(Duco)黏合剂便是其中之一。杜克黏合剂是将硝酸纤维素溶于丙酮和乙酸丁酯中,加入芥子油作为增塑剂。由于其适用性,杜克黏合剂已广泛使用,尤其是在陶器修复和一般人工制品修复方面取得了不同程度的成功。杜克黏合剂使用简便,短期内有效,但数年后胶水可能会变黄、变脆，导致胶合的文物破裂，不建议在考古文物保护中使用（Moyer 1988b；Feller，Witt 1990）。

这里讨论硝酸纤维素是因为它的适用性广泛，而且在许多保护项目中普遍滥用。在一些特定的情况下，可能需要使用几种具有互斥溶剂的树脂来加固一些复杂的文物。在这种情况下，可暂时使用硝酸纤维素，但它必须最终去除并用更持久的可逆树脂代替。硝酸纤维素绝对不能用作胶水。虽然它仍有缺点，但稀释的杜克黏合剂可以浸渍加固文物，如骨质文物。稀释时，按每 1 g 杜克黏合剂的混合原料中含有约 0.8 g 树脂来计量。

4. 聚甲基丙烯酸甲酯

聚甲基丙烯酸甲酯（PMM）树脂很常见，在各国称谓不一，比如珀斯佩克斯（Perspex）和璐彩特（Lucite）（以前称为有机玻璃 Plexiglass）。PMM 树脂胶有很多不同的配方，通常用璐彩特制成，但用爱法彩特 2013（Elvacite 2013）的效果也很不错。即便是安全面罩和摩托车挡风玻璃也会溶解在溶剂中，所以溶解 PMM 树脂溶剂的毒性限制了它的使用范围。

"有机玻璃"胶的典型配方如下：

研磨、切割或旋钻一片璐彩特呈碎屑状。将其放入容器中，加入大约相同体积的溶剂，溶剂由 50%氯仿和 50%甲苯组成。应注意过程中会产生热量。加入丙酮稀释到合适的黏度。

PMM 树脂的性能与 PVA 相似。PMM 树脂强度较高，但可用溶剂较少。许多 PMM 树脂需要混合溶剂，如 8 份甲苯和 2 份甲醇或氯仿和二氯乙烷组成的混合溶剂。稀 PMM 溶液可以很好地渗入致密材料。当同一文物或同一组文物需要多种加固剂时，适合使用 PMM。像 PVA 一样，PMM 可以作为树脂或乳液购得。百得克露（Bedacryl）就是一种 PMM 乳液。

5. 聚乙烯醇

在某些情况下，聚乙烯醇（PVAl）是非常有用的树脂，因为水是唯一适用的溶剂（UNESCO 1968）。PVAl 树脂可用作加固剂和黏合剂。它们是呈低、中、高乙酸级的白色粉末，黏度范围为 1.3～60。文物保护中最常用的是黏度为 2～6 的中、低等乙酸级 PVAl。根据所需的黏度和渗透率，选择 10%～25% 浓度的制剂。一般来说（取决于品牌），PVAl 比 PVA 干了以后更透明。它更有弹性，收缩更小，与 PVA 相比，它在干燥时的收缩力更小，因此它经常用于纺织品的保护。它也可用于潮湿或干燥的文物。PVAl 特别适合处理潮湿的骨头、脆弱的纺织品，尤其适合把脆弱的纺织品黏合到塑料支架。它可以与醇溶性耐水颜料一起保护纸张和纺织品。保护木材时不推荐使用 PVAl。

由于 PVAl 只溶于水，所以溶液中需要加入杀真菌剂以防止霉菌生长，杀真菌剂常见的有麦斯托 LPL（Mystox LPL）（五氯苯酚）、陶氏防腐剂 1 号（Dowicide 1）（邻苯基苯酚）或陶氏防腐剂 A 号（Dowicide A）（邻苯基苯酚钠四水合物）。有迹象表明，如果暴露于强光、干燥和炎热的环境，尤其是 100℃ 以上的高温，一些 PVAl 在 3～5 年内会发生轻微的交联。如果发生交联，树脂的溶解性将变差，但不会变得完全不溶。一些文保人员建议每 3～5 年重新处理经 PVAl 处理过的文物，消除任何可能的交联。

高乙酸级的 PVAl 可溶于冷水，但低级和中级的 PVAl 必须溶于 40～50℃ 的热水中。这在同一文物需要多种加固剂时就特别有用。PVAl 对油、油脂和有机溶剂有很好的耐受性，但对光滑表面的黏合性较差。像 PVA 一样，它可在 50～65℃ 进行热封。

6. 埃尔默超强力乳胶

一般认为埃尔默超强力乳胶（Elmer's Glue All）是一种 PVA 乳液。其原始配方是一种酪蛋白胶,但大约在 20 年前,博登公司将配方改成了 PVA 乳液。最近又有了新的变化。现在,与干燥后仅溶于 PVA 溶剂的其他 PVA 乳液不同,博登公司的埃尔默超强力乳胶唯一建议的溶剂是水。他们声称任何其他溶剂只会使胶变得更黏。由于埃尔默超强力乳胶的不确定性,不建议在保护中使用。然而对于不会暴露在外部环境中的木材或待加固的大量动物骨骼而言,它是极好的选择。埃尔默超强力乳胶的原液可以作为胶水使用,但必须经水稀释后才能用来浸渍和强化材料。稀释时,按每 1 g 埃尔默超强力乳胶原料混合物中约有 0.9 g 树脂来计量。

在文保过程中,必须始终确认正在使用合适的 PVA 乳液,比如 Bulldog Grip 白胶。使用未知配方的“白胶”会造成无数的问题,引发大量额外的工作。

7. 环氧树脂

市场上有无数种热固性环氧树脂,具有多种不同的属性和特性,每个文保人员根据自己的经验各有偏爱。环氧树脂可制成性能良好的黏合剂,加固剂和填缝料。通过添加催化剂,也有冷固化热固性树脂。除了强度外,它们最理想的特性是没有收缩。相反,所有热塑性树脂溶剂蒸发时会有一定程度的收缩。环氧树脂的主要缺点是它们基本上是不可逆的,并且时间久了会变色。在某些应用中,需要选择光透明树脂。一般来说,应避免使用环氧树脂,但是文保人员偶尔也需要使用环氧树脂,因为其他树脂的强度不够。当需要高强度的永久黏合剂时,环氧树脂是极好的选择。环氧树脂通常用于木质文物和玻璃器皿的修复,并广泛用于翻模的各个方面。

各种爱牢达(Araldite)环氧化合物广泛应用于玻璃器皿的保护,需要持久且透明的环氧树脂以及其他材料的保护。海洋遗址出水金属文物的铸模和翻制中已经使用了各类汉瑟尔(Hysol)铸造环氧树脂。无论何种情况,请务必遵照制造商推荐的固化剂、混合物和厚度。如果处理不当,可能会发生大量放热的现象。

二、小 结

以上只是文物保护中最常使用的黏合剂、加固剂中的一部分。它们的使用时间长、效果好，因此在各类保护项目中得到了广泛应用。具体应用见后面几章的描述。

第三章

骨质、牙质文物和种子、植物材料的保护

一、骨质、牙质文物的保护

    骨骼和象牙约有 70% 的物质是由磷酸钙、各种碳酸盐及氟化物组成的无机晶体。骨骼和象牙的有机组织是骨胶原,至少占总重量的 30%。除非在显微镜下检查,否则骨骼和象牙通常很难区分。骨骼纹理粗糙,有特征性的孔隙或孔洞;而象牙是坚硬、致密的组织,有透镜状区域。骨骼和象牙受热受潮都易发生扭曲,长期浸泡于水中会分解。

    在考古遗址中,骨胶原会水解,无机骨架会被酸分解。浸水遗址中的骨骼和象牙会变为海绵状物质,干旱地区遗址中的骨骼和象牙则会变得干燥、脆弱、支离破碎。在某些情况下,二氧化硅和矿物盐分代替骨胶原,骨骼和象牙形成化石。考古发现的骨骼和象牙只能清理、加固和稳定,理想状态的复原通常是不可能的。

1. 表面污垢的去除

    (1)用肥皂水或酒精清洗(使用酒精有助于干燥),用毛巾拭干。

    (2)用水清洗时,要限制其在水中的时间。

    (3)用刷子轻轻地刷,或用木质、塑料、金属工具轻轻刮擦。此时牙科工具特别有用。

    注意:结构脆弱的骨骼和象牙在清理时务必小心谨慎,清理方式取决于样品的状况。

2. 可溶性盐的去除

海水环境中的骨骼和象牙会吸收可溶性盐,当文物干燥时,可溶性盐就会结晶析出。盐的结晶将引起文物表面剥落,在某些情况下甚至会破坏文物。为确保文物的稳定,必须去除可溶性盐。动物骨骼中的可溶性盐通常不需要完全去除。最有效的方式是用自来水漂洗动物骨骼,直到被处理骨骼中的氯化物水平与自来水的氯化物水平相同。重要的骨质或象牙质文物,建议用自来水漂洗后,再用去离子水漂洗适当时间,以去除所有的可溶性盐。

(1)如果骨骼或象牙结构完好,盐可以通过连续的浸泡漂洗扩散出来。虽然海洋出水的动物骨骼可以直接放入淡水中(开裂的可能性很小),但建议使用以下浸泡程序处理重要的文物:

100%海水→75%海水/25%淡水(当地自来水)→50%海水/50%淡水→25%海水/75%淡水→淡水。

文物经过数次流水漂洗或者多次浓度不同的浸泡后,可溶性盐的水平达到自来水或所用水源的水平。然后用去离子水或蒸馏水代替淡水浸泡,直至可溶性盐被去除或达到可接受的水平。

为了确定脱盐溶液中盐的含量,必须使用电导率仪。在大多数情况下,也可以使用硝酸银试验来检测氯化钠的存在。当检测不到氯化钠时,可以认为大部分可溶性盐已被去除。电导率仪可以检测所有可溶性盐的存在,因此它在确定水溶液中是否存在可溶性盐时更加可靠。

(2)如果骨骼或象牙的结构不够坚固,则可用5%的B-72溶液加固后再漂洗。虽然速度会慢得多,但可溶性盐可以在漂洗处理过程中透过树脂扩散出来。

(3)用不同浓度的乙醇溶液对骨骼/象牙脱水(50%乙醇和50%水,随后将浓度提高到90%乙醇和10%水,最后使用100%浓度的乙醇)。牙齿和象牙有时需要较长时间的脱水,以确保被处理材料的表面不会分层或开裂。在这种情况下,我们推荐脱水的程序从使用自来水开始,然后是95%水/5%乙醇(只能使用水溶性溶剂),逐渐增加5%乙醇,直至文物处在无水乙醇中。为了进一步保证文物表面的完整性,应对其进行第二次甚至第三次浸泡。随后用丙酮浸泡两次。若情况特别严重,建议至少再用乙醚浸泡两次。在大多数情况下,可以认为文物经过两次丙酮脱水就能去除所有的水分。然后用合适的树脂加固文物,使其不易受环境湿度波动的影响。

3. 不溶性盐和污渍的去除

如果需要从骨骼或象牙上去除不溶性盐或污渍,建议选择适当的工具进行机械清理,而不是化学处理。因为使用化学手段清理不溶性盐和污垢,不可避免地会对骨骼和相关材质造成一些损害。若使用化学试剂,务必确保文物在处理之前已经用水充分浸润,这样可以使处理的化学物质留在文物表面不被吸收。

碳酸钙渍:结构完好的骨骼可浸入5%～10%的盐酸或甲酸溶液中,需密切监测过程。

铁渍:骨骼上的铁锈斑点可使用5%～10%的草酸溶液去除。对于顽固斑渍单独使用5%柠檬酸铵,或者5%柠檬酸铵后再用5%草酸,这些都是有效的处理办法。

硫化物污渍:5%～10%过氧化氢用来去除硫化物污渍。脏污的骨骼也可置于次硫酸盐溶液中,然后用稀释的过氧化氢去除任何残余的污渍。

结构不完整的骨骼应该使用沾有溶液的刷子或棉签局部处理。不完整的骨骼若浸泡在溶液中,碳酸钙分解时产生的二氧化碳会破坏标本。非常脆弱的骨骼需要在局部的顽固污渍处用酸刮擦然后拭去,重复数次至污渍被去除。

去除污渍后,需要用水冲洗人工制品以去除所用的化学品残留,在乙醇溶液中干燥,然后用如下文所述的树脂来加固。

4. 加　固

所有树脂溶液都必须稀释，降低黏度的同时增强其渗透性。可以使用5%～10%适度透明的合成树脂溶液。若有大量动物骨骼待加固，用水溶性埃尔默超强力乳胶可以达到令人满意的效果。处理骨骼、象牙或牙齿时，用上文所述的有机溶剂将其缓慢脱水后，再用 PVA V7 或 B-72 进行加固。推荐使用 PVA V7，因为分子越小越能渗透致密的材料，而 V7 树脂具有足够的弹性来物理强化任何经其处理的文物。对于不太致密和数量庞大的动物骨骼，推荐使用黏度为 V15 的PVA，它是一种更坚固的通用树脂。

表面加固时用刷子涂刷树脂。涂刷一层轻薄的树脂，干燥后再涂刷一层，这样就能取得很好的效果。多次重复该过程，以便让材料吸收足够的树脂。将文物完全浸没在加固树脂中可以获得极好的效果，而且在真空状态下将文物完全浸没于树脂中，被认为是加固大多数骨质或象牙质文物的最佳方法。

文物的处理方式在某种程度上决定了黏接骨骼、象牙或牙齿的胶水类型。如果骨骼或相关材料已用树脂加固，那么就应该使用相同树脂的黏稠混合物。如黏度为 V25 的 PVA、B-72、白胶 PVA 乳液，在某些情况下还可以使用埃尔默超强力乳胶。

二、种子和植物材料的保护

无论哪种情况，处理各种种子和植物材料时，都可以采用如上所述的处理骨骼和相关材料时几乎一样的方法。种子和植物材料一旦出土或出水，必须对其进行漂洗以去除任何可能存在的可溶性盐。若有必要，则进行机械清理，实施化学处理，然后冲去化学残留。材料需浸泡在一系列水和乙醇水溶液中进行脱水干燥，然后加固。

三、小 结

　　浸水骨骼和象牙以及大多数植物材料的保护是一个直接明了的过程。除了骨骼严重降解而不能处理的情况外，很少出现复杂的问题。一般来说，用水充分漂洗去除可溶性盐，随后通过一系列水溶性溶剂充分脱水，最后用合适的树脂加固即可。去除污渍的过程必须小心，避免损坏骨骼。需要注意的是，选用尺寸合适的容器、各种树脂和溶剂。

第四章

陶瓷器和石器的保护

一、陶瓷器的保护

一般来说,陶瓷器在海洋环境中保存良好,出水后无须过多处理(Pearson 1987b)。然而,文保人员必须能辨别陶器、中温瓷器和高温瓷器,并熟悉这些文物的各种保护方法(Olive,Pearson 1975;Pearson 1987d)。中温瓷器和高温瓷器在较高温度下烧制而成,液体难以渗透,这样就不会从其考古环境中吸收可溶性盐,因此不需要长时间漂洗去除可溶性盐。然而某些种类的中温瓷器和高温瓷器由多次上釉烧制而成,有时盐会沉积在胎釉之间。如果不去除这些盐,釉可能会脱落。所以中温瓷器和高温瓷器也需小心处理。烧制良好的陶瓷器只需用温和的洗涤剂清洗,边缘和表面用柔软的刷子擦拭。注意不要去除残留在文物内部或外部表面的食物、绘画、颜料或烟灰的痕迹。文保人员在清洁过程中必须谨慎地使用刷子或其他工具,不能在陶瓷器表面留下痕迹。处理易碎或烧制不精的陶瓷器时需格外小心,但程序相同。脆弱的残片,表面易碎、易剥落或有易掉色绘画的陶瓷器,可能需要树脂加固。

1. 可溶性盐的去除

海洋遗址出水陶瓷器会浸透大量可溶性盐,其表面经常覆盖不溶性盐,如碳酸钙和硫酸钙。很多时候,与金属器具(特别是铁器)相邻的陶瓷器会被包裹在金属周围形成的凝结物中。可溶性盐（氯化物、磷酸盐和硝酸盐）对陶瓷器完整性的威胁最大，必须将其去除以保证文物稳定。可溶性盐具有吸湿性，随着相对湿度的升高和降低，盐重复溶解和结晶。这些盐最后出现在文物表面并大量结晶，导致文物表面剥落。最终，文物由于内部压力破裂。有时，大量针状晶体覆盖在文物表面，遮蔽了所有细节。可溶性盐可以通过在水中反复漂洗清除出去（流水浸泡是最快最有效的方法，但非常浪费）。可以设计一系列水槽，水流从一个水槽串联注入其他的水槽。这种方法最大限度地减少了水的浪费，尤其是使用去离子水时。也有非常简单的漂洗方法，例如把含有可溶性盐的碎片装入网袋中，再把网袋放进马桶的水箱里。每天有无数的志愿者帮忙换水，碎片的含盐量会很快与供水中的含盐量持平。若有需要，随后还可以在去离子水溶液中继续漂洗若干次，进一步降低含盐量。这种方法非常简单有效。

使用电导率仪监测漂洗过程。如果碎片或陶瓷器太脆弱无法承受，则可以先用 B-72 固化表面，然后进行漂洗。B-72 具有一定程度的透水性，尽管进度会明显慢于未加固的材料，但盐可以扩散出来。

2. 不溶性盐的去除

在大多数情况下，清除陶瓷器表面不溶性盐最安全且最令人满意的方法是用手。用手术刀、牙科工具或类似工具刮擦，大多数钙质固结物可被轻松去除。牙钻和气动凿也很有用。

不溶性盐也可以化学去除，重要的是预先浸湿碎片。硝酸、盐酸和草酸最常用。然而在陶瓷器上使用任何酸之前，请确保其已彻底润湿，这样酸才不会被吸收。尽管 10%～20% 硝酸可以用来去除钙质固结物，但它可能是三种酸中最具破坏性的。因为稀硝酸会溶解铅釉，所以在使用时应更加小心。在大多数情况下，清洁釉面时，10%～20% 的盐酸比硝酸更安全。将文物浸在酸中，直至所有气体停止逸出（通常不到 1 小时）。如有必要，可以重复该过程。盐酸会使釉褪色，尤其是铅釉变成乳白色，所以必须谨慎使用。随后用自来水充分漂洗样品，如有必要，将样品浸泡在10%草酸中10～20小时以去除铁锈。接下来彻底漂洗标本并干燥。含有碳酸盐羼和料（贝壳、碳酸钙）的陶瓷器不能浸泡在盐酸或硝酸中，因为酸会将胎土中的羼和料去除，导致陶瓷器变脆。

虽然硝酸、草酸和盐酸可以去除钙质固结物（特别是盐酸），但它们可能溶解含氧化铁陶瓷器的胎土或釉中的铁氧化物（很多中温瓷器的釉中含有氧化铁）。在含氧化铁的釉上使用酸会使釉容易剥落，尤其是已经比较脆弱的釉面。为了避免过度清洁，应先将文物浸泡在水中润湿后，用棉签或滴管将酸施加于文物局部表面。器表停止起泡时，立即擦拭该区域或在流水下冲洗文物，去除多余的酸。陶器或红陶通常含有氧化铁，孔隙更多，因此用这些酸处理时更容易恶化，在这类文物上使用酸处理时需极为谨慎。

乙二胺四乙酸（EDTA）是可以有效去除陶瓷器中钙质沉积物的化学品。5%浓度的EDTA四钠盐（pH值为11.5）溶液最适合去除含钙物质，且不会严重影响陶瓷器的含铁量。铁在pH值为4时更易溶解，而钙质沉积物在pH值为13时更易溶解。处理时将文物浸入溶液中，直至沉积物去除后取出。溶液需定期更换补充。在此过程中，与钙盐结合的铁垢通常随着钙一并去除。这是一种缓慢而有效的处理方法。

也可将被钙质包裹的文物浸入5%六偏磷酸钠水溶液中以去除钙质沉积物。然而使用这种方法时必须小心，因为比起钙质固结物，六偏磷酸钠水溶液更易软化碎片中的胎土。

硫酸钙很难从陶器上去除。为了检验硫酸钙是否存在，在沉积物表面上滴稀硝酸，然后加3滴1%氯化钡溶液，出现白色沉淀表明存在硫酸盐（Plenderleith，Werner 1971）。浸泡在20%的硝酸中可缓慢溶解硫酸钙。硫酸盐溶解时产生硫酸，就消除了硝酸的反应。硝酸必须经常更换，然而通常并不推荐这种技术，而是优先选择机械清理。

陶瓷器表面的硅酸盐可以用氢氟酸去除,但这种酸非常危险,不建议非专业人员使用。再次强调,优先推荐机械清理不溶性盐。

3. 污渍的去除

陶瓷器表面的氧化铁斑渍可以在预先湿润后,用棉签蘸 10% 草酸局部擦拭去除。这种方法通常能成功地去除陶瓷器表面的铁锈,尽管也会去除少量胎土中的铁。通常使用 5% 的 EDTA 溶液去除釉或胎土中含有氧化铁成分的陶瓷器上的污渍,从而最大限度地减少氧化铁成分的流失(Olive,Pearson 1975;Pearson 1987d)。用二钠盐或 EDTA 去除铁氧化物斑渍最为有效,因为它们的 pH 值较低。草酸或 EDTA 都可以去除铁渍。所有的处理都必须小心谨慎以避免过度清洁,清洁后必须进行彻底的冲洗。

海洋沉船出水陶瓷器上常见黑色金属硫化物污渍。浸泡在 10%～25%(体积分数)的过氧化氢溶液中可以完全去除。所需时间从几秒到数小时不等。过氧化氢处理后无须冲洗。过氧化氢可以直接用于尼龙处理后的文物,因为过氧化氢可以渗透进尼龙膜中。过氧化氢也能去除有机污垢。需仔细监测进度,特别是锡釉器(如 delft、majolica、faience)的釉表面有裂纹时,处理期间产生的气泡可能会造成黏附不良的釉脱落。

可以使用诸如 PVA(V25 或等同物)和 B-72 类树脂修复破碎的陶瓷器。过去也用赛璐珞胶,如 Duco,但是它们的寿命太短,不能用于文物保护。黏稠的丙酮、丙酮/甲苯或丙酮/乙酸戊酯中的 PVA(V25)溶液可用作胶水。一些人更喜欢用水基的 PVA 乳胶来黏合多孔陶器。与溶剂胶相比,它在裂缝上黏结性更好,但是它在潮湿环境或非控制储存的条件下容易老化。α-氰基丙烯酸酯胶(超级胶,super glues)非常方便,凝固后可以缓慢溶解在丙酮和甲苯中。在大多数情况下,需要用 PVA 或 B-72 的稀释溶液加固陶器碎片,以便在黏合或修复之前彻底强化其表面。仅需将碎片浸泡在稀释过的树脂溶液中即可。

4. 去除不可溶盐和污渍的一般步骤

（1）充分浸润陶瓷器。

（2）对于坚固的陶瓷器，浸入 10%～20% 的硝酸或盐酸直到不再产生气泡。带釉陶瓷器首选盐酸。施釉、脆性或含碳酸盐羼和料陶瓷器应在其表面使用棉签蘸取或逐滴使用浓酸清理。不再产生气泡时立即擦去多余的酸，或用流水冲洗。一点一点或者一块一块地重复此过程。

（3）用流水彻底冲洗陶瓷器以去除多余的酸。

（4）用 10% 草酸或 5%EDTA 去除铁氧化物污渍，并彻底冲洗。

（5）通过浸入 10%～25%（体积分数）的过氧化氢中以去除硫化铁和有机污渍。

（6）对于海洋出水的陶瓷器，建议在 PVA 或 B－72 稀释溶液中充分加固。这点对需要修复的文物尤其重要。

二、石器的保护

小型石质文物可以使用与上述陶瓷器相同的方式处理（陶瓷器烧成后，实际上就是一种石头）。许多沉积岩可以吸收可溶性盐从而被盐污染。可以用处理陶瓷器的方式和化学制剂处理石器，但酸的浓度不应超过 5%。所有的沉积岩（如石灰石、大理石、砂岩等）均不能使用酸处理，因为酸处理会迅速破坏沉积岩。酸可以有效地用于变质岩和火成岩。

三、小　结

海洋遗址出水陶瓷器的保护并不复杂。若文物被凝结物包裹，保护过程中最难的部分是在不损坏胎釉的条件下去除黏附物。因此，机械清理是首选，但是有控制地使用盐酸也可以去除钙质沉积。海洋遗址出水的多孔材料不可避免地含有可溶性盐,可以通过在水中漂洗去除。在大多数情况下,使用自来水就够了,但最后使用去离子浸泡可以去除更多的可溶性盐。过氧化氢能很容易地去除硫化物斑渍,但是很难在不损伤文物的情况下去除另一些污渍,如铁锈。如果决定去除更难去除的污渍,文物需在浸泡或在施以化学品前用水彻底润湿。无论使用何种化学药品,都需要认真监控处理过程,并在使用化学品后彻底冲洗。处理结束后的陶瓷器在空气中干燥。通常无须溶剂干燥,但是若有必要也可以使用。干燥后,将文物完全浸入 PVA 或 B-72 的稀溶液中加固。加固的碎片干燥后可进行修复。陶瓷质文物保护的器材包括尺寸合适的容器、自来水、去离子水、丙酮、乙醇、PVA、B-72、过氧化氢、盐酸、EDTA、牙钻和气动凿。

第五章

玻璃器皿的保护

一、玻璃器皿的保护

　　玻璃在考古材料中最为稳定,但是玻璃器皿可能有复杂的分解过程,特别是17世纪的玻璃。在理想情况下,玻璃包含70%～74%的二氧化硅,16%～22%的碱或苏打灰(碳酸钠)或钾盐(通常来自草木灰的碳酸钾)和5%～10%的熔剂[石灰(氧化钙)]。纵观整个玻璃制造史,钠钙玻璃最为常见,其现代配方是74%的SiO_2、16%的Na_2CO_3以及一定量的石灰作为稳定剂。苏打玻璃是南欧的特色,由粉碎的白色卵石和烧焦的海洋植被产生的苏打灰制成。苏打玻璃通常用于制造廉价的玻璃器皿,其水溶性是钾玻璃的两倍。

　　钾玻璃更多地产自欧洲内陆地区,由当地的沙砾、草木灰及内陆植被燃烧后产生的钾碱制成。加入少许盐和微量锰可以让玻璃变得透明,但是钾玻璃比苏打玻璃的透明性要差。由于材料中含有铁杂质,大多数早期的玻璃是绿色的。碱降低了沙子的熔点,助熔剂促进了各成分的混合。只要原来的玻璃混合物保持平衡,制成的玻璃就是稳定的。若混合物中碱过量并且石灰不足时,就会产生问题,因为玻璃特别容易受潮。如果老玻璃含有20%～30%的钠或钾,它可能会得"玻璃病",玻璃会"流泪"(渗出液体)并开始分解。

　　在所有玻璃中,钠和钾的氧化物都具有吸湿性,因此玻璃的表面会吸收空气中的水分。吸收的水分暴露于二氧化碳,导致Na_2O或NaOH和K_2O或KOH转化为碳酸钠或碳酸钾。Na_2CO_3 和 K_2CO_3 的吸湿性都很强。相对湿度高于 40% 时(在某些情况下低至 20%),玻璃表面就会出现水滴。水中,尤其是海水中,不稳定玻璃内的钠和钾的碳酸盐可能会析出,仅留下易碎多孔的水合二氧化硅(SiO_2)网状物。导致玻璃出现裂纹、爆裂、剥落或起凹点,玻璃表面雾化。在某些情况下,这实质上是一些玻璃层从本体中分离出来。幸运的是,这些问题在 18 世纪及以后制造的玻璃中并不常见。皮尔逊(Pearson 1987b,1987d)讨论了玻璃的劣化,并回顾了各类玻璃的保护程序。

目前,我们并不完全了解玻璃分解的原因,但是大多数玻璃技术人员认为玻璃分解是由碱金属离子(Na^+ 和 K^+)在水合多孔二氧化硅网状物上的析出和扩散造成的。钠离子被氢离子置换出来,氢离子扩散到玻璃中保持电荷平衡。硅酸盐被转化成水合二氧化硅网状结构,钠离子由此扩散出去。

分解的玻璃经常会出现分层,表面有虹彩层(iridescent layer)。酸性环境出土的玻璃常有虹彩膜,就是由析出的二氧化硅层形成的。析出的碱被酸中和,可与二氧化硅反应的氢氧根离子几乎没有,导致二氧化硅层变厚并且糊化。碱性环境中的玻璃不太可能分层,因为有大量的氢氧根离子可以与二氧化硅网状物反应。暴露于碱性溶液的玻璃上通常不会形成防护膜。玻璃的分解以恒定的速率进行。碱性离子的析出速度总是超过二氧化硅的形成,留下缺碱层,随着玻璃的劣化不断加厚。

如何处理不稳定玻璃有很大的意见分歧。一些专业人士建议,唯一的处理方法应该是将玻璃保持在相对湿度较低的环境中,使玻璃没有任何水分就能发生反应。通常推荐使用 40%～55% 的相对湿度,具体取决于玻璃的稳定性。表面涂漆或使用封护剂有时会使玻璃表面的渗液状况更加恶化。水蒸气能透过任何树脂封护剂,玻璃会在封护剂下继续分解直至崩裂。另外一些玻璃保护人员则试图从玻璃中去除碱来阻止玻璃劣化。

大部分(如果不是全部)18 世纪制造的玻璃都是用稳定的玻璃配方生产出来

的,除了正常的失透之外,文保人员不太可能遇到其他大问题。由于玻璃不受盐污染,所以除了简单的冲洗,去除附着的污渍,特别是铅晶体上的硫化铅污染以及钙质沉积物之外,无须保护处理。主要的问题是如何将碎片拼接在一起。牛顿(Newton)和戴维森(Newton,Davidson 1989)全面讨论了所有可能遇到的问题。

1. 不稳定玻璃的处理

不稳定玻璃配方生产的玻璃容易渗液,可以通过几种不同的方式进行处理。一般推荐普伦德莱思和沃纳(Plenderleith,Werner 1971:345)介绍的技术。该技术如下:

(1)用流动的自来水彻底冲洗玻璃,然后将其浸泡在蒸馏水中。

(2)通过两次酒精浸泡干燥玻璃。这种处理可以延缓分解并改善玻璃的外观,然而并不总能扼制玻璃的分解。

(3)如适用,应施以有机材料(PVA 或 B-72)以防分解。

(4)为保险起见,要将玻璃存放在相对湿度不超过 40% 的干燥环境中。另外,一些专业人士认为理想的相对湿度是 20%~30%。康宁玻璃博物馆(Corning Glass Museum)将刚出现细纹的玻璃保存在相对湿度是 45%~55% 的环境中。42% 的相对湿度是 K_2CO_3 潮解的临界点。

上述处理并未试图去除任何玻璃腐蚀产物,腐蚀物产生的不透明玻璃层可以通过各种酸处理去除。玻璃表面的腐蚀物通常会遮盖玻璃的颜色,在去除时必须视具体情况而定。去除腐蚀产物将会减小玻璃壁的厚度并显著降低玻璃的强度,随意地去除表面腐蚀产物可能会削弱、模糊或改变玻璃的表面细节。玻璃器的腐蚀层可以认为是其历史的一部分,是其固有特征,没有充足的理由不应去除。

2. 失透现象的处理

失透现象是发生在硅质材料上的一种自然过程。失透是发生在燧石和黑曜石上的自然现象，是黑曜石水化年代测定法的基础。任何年代的玻璃（尤其是苏打玻璃），表面经过长时间的水合最终都会失透。玻璃从大气或水下环境中吸收水分，表面部分结晶并导致失透。一旦产生结晶，玻璃表面就会出现裂纹并从玻璃本体上脱落。失透玻璃会呈现雾状、云状或彩虹色。门窗玻璃特别容易受到影响。

为了防止玻璃表面进一步失透，同时加固表面裂纹，应在其表面涂刷 PVA 或 B-72 的涂层。这些表面黏合剂会填充小裂纹，使凹凸的玻璃表面变得光滑，让玻璃看起来更透明。这也是为什么润湿的玻璃总是显得更为通透。

3. 去除铅晶体中的硫化物污渍

铅玻璃包括各式各样的高脚器和铅水晶，可能会被硫化铅严重污染。海洋和/或厌氧遗址清理出的原本透明的玻璃，其表面可能有非常致密的黑色膜。可以像处理陶瓷器那样，使用10%～15%的过氧化氢溶液来去除这些硫化物污渍。除此之外，通常还需要用树脂加固剂加固玻璃器。若有必要，碎片可以用环氧树脂胶水黏接在一起，如 Araldite。

4. 修　复

修复玻璃器皿可以使用与修复陶瓷器相同的胶水。通常首选光学透明的环氧树脂，因为它们更易黏附于光滑的无孔玻璃。与溶剂树脂相比，环氧树脂干燥后更透明，收缩更小，因此与其他胶水相比，环氧树脂的黏接处不那么明显，强度也更高。然而环氧树脂通常是不可逆的。Hysol 环氧树脂 2038 搭配固化剂 3416 和 Araldite 是修复玻璃器皿最常用的两个品牌。氰基丙烯酸酯制成的新型"超级胶水（super glues）"经常用来将玻璃快速地拼接在一起。使用氰基丙烯酸酯后，用美工刷在缝隙处刷涂环氧树脂，把碎片永久性黏合起来。填补玻璃缝隙非常困难和耗时,不仅工作量大,还需要有丰富的经验。同样困难的还有匹配透明玻璃的颜色。牛顿和戴维森(Newton,Davidson 1989)详细地讨论了所有这些问题。

在所有的情况下,文保人员都必须能够认识到问题是什么,并且知道如何解决这些问题。保护玻璃时若发现氧化铅,可用 10% 的硝酸将其去除。1%～5%的硫酸溶液可以用来去除氧化铁,中和玻璃分解的碱度,有时候还能去除钙质沉积物。通常用 10% 的盐酸去除钙质沉积物,有时也把玻璃浸入 5% 的 EDTA 四钠中。一般用 5% 的草酸或 5% 的 EDTA 二钠去除铁渍。

二、小　结

实际上,考古遗址中发现的 18 世纪中叶及以后生产的玻璃器皿除了需要修复之外,很少会遇见其他问题。在大多数情况下,保护陶瓷器所使用的化学试剂和设备也适用于玻璃。

第六章

木质文物的保护

一、木质文物简介

作为一种有机材料,木材埋入地下后通常会在生物和化学的联合降解作用下腐朽,然而若长期处于极干燥或极湿润的环境下,木材也能保存下来。沉船遗址中的船体木质构件和小型木器完全浸在水中,通常都能很好地得以保存。弗洛里安(Florian 1987)简要地介绍了木材降解的原理。

木质文物的成功保护取决于对木材结构和类型的了解。木材分为两大类:硬木和软木。硬木属于被子植物,通常指落叶的阔叶树。被子植物因具有导管,称为"多孔"木材。橡树和桦树是典型的硬木。软木或裸子植物是指针叶树或松柏科树种。裸子植物被认为是"无孔的",因为它们没有导管。松树是典型的软木。对文保人员来说,了解自己正在处理的木质文物的木材类别十分关键,在很多情况下,为了成功保护浸水木材,鉴定到"种"非常重要。硬木的导管和管胞如图6.1所示,软木的管胞如图6.2所示。

木材可以分成如图6.3所示的三个主要切面:横向、弦向和径向。由于水分的流失,新伐的坚实木材通常会有3%~6%的径向收缩、5%~10%的弦向收缩和-0.5%的纵向收缩。新鲜橡木在切割和风干后,径向收缩4%,弦向收缩8%,而浸水橡木径向收缩12%,弦向收缩24%。适当的保护措施可以控制浸水木材在干燥过程中的干缩量。在实践中,因为待处理木材的干缩率是已知的,所以通

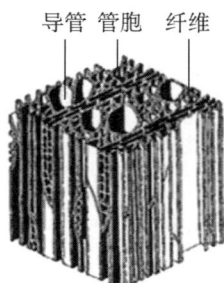

图 6.1　硬木的导管和管胞(管状细胞)

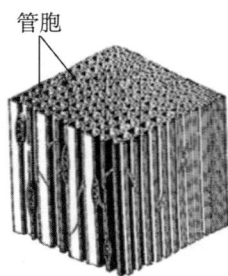

图 6.2　软木的管胞

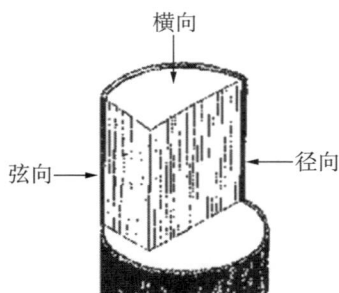

图 6.3　木材三个主要切面示意图：横向、弦向和径向

常可以根据实际情况来选择特定的保护技术(Patton 1988：43)。

　　木板最初从原木上锯出来的方式会影响木板及其制品在经过保护处理后将如何收缩。平锯或称为弦切的木材具有相似比例的径向和弦向表面以及弧形纹理,这些特征使木材在干燥期间容易变形。为了表现木材真正的弦向和径向平面,必须用径切或组合锯。由于径切复杂且低效,所以发展出一种称为"刻切"的改良切割方式。刻切的结果是木材的表面主要为径切面,这使得木材在干燥过程中不易变形。在某些情况下,从原木中获取木材的方式导致了待处理木制品的破裂和翘曲,而与所采取的保护技术无关。木材的三种主要切割方式如图 6.4所示。

　　在大多数环境中,木材降解的主要因素有：①物理作用(温度变化、相对湿度波动等)；②昆虫破坏；③真菌降解。只要将木材保持在相对湿度小于 65% 的环

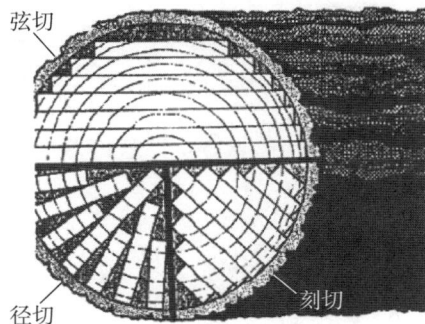

图 6.4　木材切割方式：弦切、径切和刻切

境中，就可以消除真菌降解。然而在厌氧浸水环境中，木材会发生巨大的化学变化和改变，导致其强度显著受损，却同时保持着整体形状和形式。

二、浸水木材

若木材长期处于潮湿土壤、沼泽湿地和海洋环境，细菌作用会导致木材的细胞壁组分降解。一般来说，水溶性物质，如淀粉和糖，最先从浸水木材中浸出，然后是矿物盐、色素（着色剂）、鞣质（单宁）和其他结合物。通过水解作用，细胞壁中的纤维素或早或晚都会分解，仅留下木质素网络以支撑木材。如果时间足够长，木质素也会分解掉。由于纤维素和木质素的分解，细胞和分子之间的空间增加，木材变得更多孔和易渗水。木材所有的降解成分，包括细胞腔和分子间的空间，都充满了水。木材细胞中残留的木质素结构和吸收的水分维持着木材的形状。纤维素组织的流失不会使木材总体积发生很大的变化，但孔隙度增加，木材像海绵一样吸水，所以浸水木材只要保持湿润，就能保持其形状。如果木材暴露于空气中，水分蒸发，由此产生的表面张力将导致脆弱的细胞壁塌陷，引起相当大的收缩和变形。收缩量取决于木材分解的程度和它的含水量。浸水木材的含水量计算公式如下：

$$木材含水率 = \frac{湿木材质量 - 绝干材质量}{绝干材质量} \times 100\%$$

通常认为木材含水率超过 200% 就已经降解。含水率超过 500% 甚至是 1 000% 的木材也并不罕见。浸水木材通常依据其含水率进行分类。

一级：含水率超过 400%。

二级：含水率为 185%～400%。

三级：含水率低于 185%。

三级硬木最难保护。

三、浸水木材的保护

浸水木材的保护是一个双重的过程，它包括两个方面：①将材料浸入木材中去，在去除水分的同时加固木材，使其具备机械强度，如聚乙二醇（PEG）或糖–膨胀处理法；②用防止木材发生任何收缩或变形的方法去除多余的水分，如溶剂或冷冻干燥。接下来会介绍处理浸水木材时最常用的技术。涉及海水环境出水木材时，必须先行脱去大部分可溶性盐。如果不脱盐，待保护木材就有可能产生"白花"，并且可能对木制品中残留的铁构件产生不利影响，甚至危害同一区域或环境下储存的其他材质物品。

1. 聚乙二醇法

聚乙二醇是一种合成材料，其通式是 $(C_2H_6O_2)_n$。低相对分子质量 PEG（300～600）是液体，中相对分子质量 PEG（1 000～1 500）是半固半液或者稠度与凡士林相当，高相对分子质量 PEG（3 250～6 000）为蜡状物质。现在各种 PEG 以其平均相对分子质量来表示。PEG1500 的现称为 540 混合物（它是等份的 PEG300 和 PEG1500），PEG1540 现称为 PEG1500，而 PEG4000 现称为 PEG3250。虽然 PEG

具备蜡的某些物理性质,但其与真正的蜡区别在于,它们极易溶解于醇(乙醇、甲醇、异丙醇)以及水中。曾经最为常用的熔点范围为53~55℃的PEG4000的吸湿性最小,然而它的大分子限制其渗入较致密的木材。现在更常用PEG1500和540混合物。

　　PEG保护法是处理浸水木材最为可靠的方法,操作也相对简单。该方法去除过量水的同时支撑起木材。初步清洁去除表面所有污垢后,将浸水木材置于含有PEG和溶剂(水或醇)溶液的通风容器中。容器的温度逐渐升高,在数天或数周后逐渐升至60℃。在此期间,溶液中PEG的百分比随着额外添加的PEG以及溶剂的蒸发而增加。在此过程中,PEG逐渐取代水渗入木材。整个操作结束时,根据木材的性质,木材会覆盖有70%~100%的熔融PEG。然后取出木材,擦去多余的PEG,待木材冷却。冷却后的木材表面若还有任何多余的PEG,可以用热风枪或热水将之去除。

　　在大多数情况下,待处理木材浸于含少量PEG(通常为1%~5%)的容器中,保持在约52℃的恒定温度。如果不加热溶液,当溶液中的PEG浓度达到20%~30%时就会凝固。在随后的数月(甚至数年)间,溶液中PEG的浓度会小幅递增,直至70%的浓度。一旦达到这个最低浓度,木材就将保持稳定。在一些情况下,如果溶液中PEG浓度超过70%,水会从保存状态良好的芯材中被抽出而不被PEG替代,这将导致木材坍塌。PEG的增量取决于待处理木材的条件、尺寸和种类。

　　另一种处理浸水木材的方法仅适用于小件文物,仅通过溶剂的蒸发来提高PEG浓度,因此实际上不常用。采用这种处理方式时,重要的是容器尺寸能够保证溶液中PEG的量在处理结束时足以覆盖木材。

　　PEG可溶于水和各种醇。处理大件木材时,PEG溶液通常用水作为溶剂,因为水比等量的醇便宜得多。当在水中使用PEG时,必须加入杀菌剂,例如Dowicide 1(邻苯基苯酚),用量为PEG的0.05%~0.1%。17世纪瓦萨号军舰保护时使用的杀菌剂由 7 份硼酸和 3 份硼砂（PEG 的重量为 1%）组成（Barkman 1975：82）。对于体积较小的木材，用醇作为溶剂更方便。不仅可以大大缩短处理时间，并且处理后的木材重量轻、颜色浅。为了进一步缩短处理时间，建议木材置入 PEG 醇溶液之前，至少在乙醇中浸泡三次脱水。不过，在处理之前把水从木材中全部去除并不重要，因为 PEG 既溶于水又溶于醇。使用醇处理节省时间，但成本较高，并且加热醇时或多或少会有风险。PEG 溶液使用醇作为溶剂时无须杀菌剂，因为所有的醇类都有杀菌效果。

决定用 PEG 保护木材之前，必须考虑到 PEG 对所有金属尤其是铁具有腐蚀性。因此，PEG 保护法不能用于任何与金属相连的木材上（如枪托）。

在实验室用 PEG 处理小型浸水木材是一个简单而直接的过程，其处理方式如图 6.5 所示。小型容器（不锈钢或玻璃）很容易获得，并且可以把它们放置在恒温容器中保持合适的温度，此外仅需要少量的 PEG。相比之下，处理大型木材时 PEG 的需求量就很大（有时以吨计）。还必须建造具有加热和循环溶液功能的大型容器。保护大型浸水木材的实验室必须准备好在设备和化学品方面投入大量

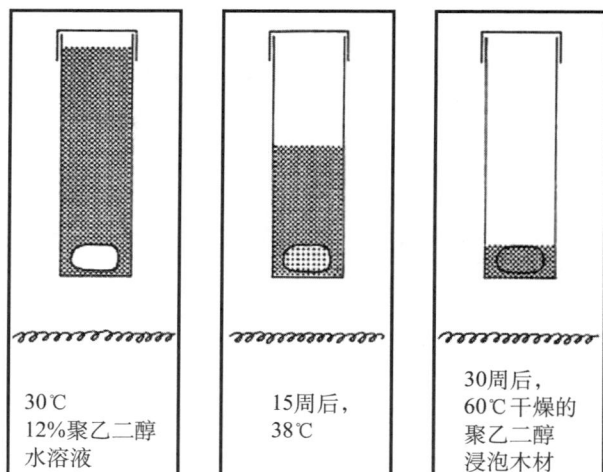

30℃
12%聚乙二醇
水溶液

15周后，
38℃

30周后，
60℃干燥的
聚乙二醇
浸泡木材

图6.5　小件浸水木材的处理方式

资金。在本章介绍的所有木材保护方法中，各种 PEG 水溶液处理法是最可靠、成本最低的一种方法，因此也最常用。

2. 蔗糖法

为了替代需要大量经费的保护方法，保护浸水木材的蔗糖（糖）法应运而生（Parrent 1983，1985）。除了使用蔗糖之外，这种方法的程序与 PEG 法相同。小心地用清水浸泡漂洗待保护木材，清除所有陈垢积污和大部分可溶性盐。随后就可执行以下程序：

（1）制备浓度足够低（1%～5%）的蔗糖溶液，以防止保存良好的木材或糟朽木材中的健康区域脱水。这需要彻底检查待处理的木材，以便在处理之前确定其保存状态。高度降解的木材可以从更高浓度的蔗糖开始，不太确定时可以从 1%（质量/体积）的浓度开始。采用称重法，对代表性木材样本进行称重，以判断木材何时与溶液达到平衡。一旦溶液饱和度达到设定的 x% 时，可以把糖浓度增加1%～10%。

（2）选择一种抑菌剂，例如 Dowicide A，将其添加在最初配置的蔗糖和水溶液中，使抑菌剂能够完全渗入和保护木材。

（3）如果木材高度降解，增加的比例可以更高并且间隔更短。最好从低浓度开始，如 1%～5%，直至达到 50%，随后可以用 10% 的增量添加。同样，如果有疑问，在处理开始时可以使用相同的浓度增量直至处理结束。蔗糖浓度达到 70%时，处理中止，木材在该浓度下保持平衡。

（4）如果有必要，选择一种添加剂防止昆虫和啮齿动物破坏待处理木材。有效的杀虫剂种类繁多，可以根据当地情况来选择。为了彻底保护木材，请将杀虫剂添加到初始溶液中。如果在博物馆环境中保管木材，就不太会出现昆虫和啮齿类动物的问题，并且可通过其他方式加以控制。

（5）当木材达到与溶液所需的最高浓度平衡时，在可控的高湿度条件下将木材缓慢风干。随着木材越来越干燥,湿度可以慢慢降低。过快地将木材置于低湿度条件下会损坏木材。对于这里介绍的所有木材的处理方法,缓慢、有控制地干燥和调整以适应当前的大气条件,将使整体的处理成功率最大化。

(6) 如果可能,将木材储存在湿度小于 70% 的条件下。木材所处环境的湿度不能超过 80%,否则木材上可能会形成凝露,导致糖的析出。

如果选择糖作为处理介质,则应使用精制的白糖(纯蔗糖)。应避免使用棕色、粗粒的粗糖(A 型糖),因为白糖吸湿性低得多。当环境相对湿度升高,粗糖处理的木材表面就会变湿。这种吸湿性与使用中相对分子质量 PEG 时遇到的情况类似。只不过,A 型糖处理的木材可以保持其尺寸的稳定。

将经糖处理的木材储存在可控环境中,可以确保保护程序持续发挥作用。与经由其他材料处理的木材相比,蔗糖法处理的木材并不需要额外的护理。这种方法是目前可用的浸水木材保护方法中最便宜的一种。不过,经蔗糖处理的木材色泽黯淡,并且表面经常性形成细小的毛发状线形裂纹。这种方法处理的木材外形尺寸稳定,当总成本是主要的考量因素时,它是一种可行的替代方案。所需的设备与上文所述的用 PEG 处理的设备相同。

3. 丙酮-松香法

丙酮-松香法用天然树脂即松木树脂(也称松香)置换木材中的水。这种方法适用于高相对分子质量 PEG 无法渗透的保存良好的硬木(McKerrel,Varanyi 1972；Bryce,et al. 1975)。

建议处理程序如下:

(1) 彻底清洗物体,清除所有污垢。通常需要把木材放在清水中漂洗若干次。

(2) 将木材连续三次浸泡于丙酮中彻底脱水。5～10 cm 厚的木材大概每次需要在丙酮中浸泡 4 天,厚度小于 5 cm 的则大概需要 2 天。所有的水分都要去除,这点非常重要,因为水与松香不溶。

(3) 将木材置于盛有饱和松香丙酮溶液的密闭容器中,加热至52℃。必须使用块状、工业级松香。不要使用松香粉,因为松香粉很难处理,其中通常会掺杂防止结块的粉末物质。

在恒温52℃的密闭容器中,饱和松香丙酮溶液含67%松香。为了确保溶液饱和,应在容器中放入过量的松香。这会在容器底部产生一层黏稠的松香沉积物。被处理的文物应当悬浮或支撑在这层未溶解的松香之上。5～10 cm厚的物品需在溶液中浸泡4周,厚度小于5cm的则需要2周。这些处理时间只是粗略的近似,每件木制品都应根据其自身特点进行评估。

(4) 从松香溶液中取出文物,用蘸有丙酮的抹布擦去多余的松香。

在某些情况下,如果要处理保存良好的硬木制品,文保人员可以考虑在清洁之后且在步骤(2)(上述)脱水之前,将其浸入10%的盐酸(HCL)溶液中。盐酸预处理可以分解木材中的有机酸,改善松香对木材的渗透。但是,必须小心,盐酸可能导致文物表面龟裂,更易在后续处理时发生开裂。此外,盐酸会把木料漂白成更自然或更原始的颜色,但这种漂白仅仅是暂时的,对处理过的木材的最终颜色影响较小(盐酸预处理也可以用于改善PEG渗入木材,尽管处理后的木材最终可能更容易龟裂和收缩)。预处理液用1体积的盐酸混合9体积的水制备。预处理的时间并不固定,5～10 cm厚的物品在酸中浸泡约4天,而小于5 cm的物品则浸泡约2天。预处理后,需要用流水漂洗木材3～5天以彻底去除所有酸的残留,然后继续步骤(2)(上述)。可以选择是否要进行预处理,由于盐酸对物品存在潜在损害,因此很少被使用。

在实践中,经常用乙醇代替丙酮作为松香的溶剂(特别是在PVC管中处理时)。室温处理时也常使用丙酮和异丙酮溶液。如果在室温中处理,处理时间需大幅度增加,以确保松香溶液对文物的完全渗透。

丙酮-松香处理法的优点是处理后的木材重量轻、干燥、坚固,并且易于黏合和修复。由于松香不与任何金属反应，因此丙酮-松香处理法可以用于金属与木材的复合制品。很多人认为，处理所有金属木材复合制品时应选择这种方法。丙酮-松香法的缺点是丙酮具有可燃性并且材料成本高，仅适用于小件物品。此外，若木材处理后需要被弯曲（如修复复合物体），那么这种方法也不是理想的选择，因为木材弯曲太多将会碎裂并断开。

一般来讲，使用丙酮-松香处理法唯一会遇到的问题是使用的溶液会从环境中吸收大量的水分，需使用无水丙酮或无水酒精，这点很重要。尽管这种处理法存在固有的危险且较为昂贵，但是文保人员应该更经常地使用这种方法，特别是对于小件木制品。这种处理法在木材保护方面的成功率较高，是 PEG400 和 540 混合处理法之外保持木材尺寸稳定的最好方法，而且没有 PEG 的吸湿问题（Grattan 1982b）。

4. 醇-醚法

这种方法类似于干燥生物标本的方法。如果有必要，木制品应在处理前清洁干净。浸水木材首先要连续浸入醇溶液中，直到所有的水分都被醇取代。通常使用异丙醇或乙醇，随后连续在丙酮中浸泡。如果必要的话，可以通过测量每次浸泡过程中溶液的比重来监测脱水进度。当所有的水都被丙酮置换后，将木材连续浸入二甲醚溶液中，用乙醚置换所有的丙酮。这些完成后，将木材置于真空中，乙醚迅速挥发，木材快速干燥。之所以使用乙醚，因为它的表面张力为 0.17 dyn/cm[①]，与水 0.72 dyn/cm 的表面张力相比非常低。这意味着当乙醚蒸发时，表面张力很低，脆弱的细胞壁不会出现明显的塌陷。如有必要，可以在最后一次使用乙醚浸泡时，加入 10%～20% 的达玛树脂、松香或两者的混合物以加固木材，防止其由于相对湿度的变化而发生翘曲。在某些木材上可以使用 PVA 来代替。

---

① dyn 为力的单位达因，1 dyn = 10^{-5} N。

这种方法已经被证明非常有效,处理后的木材重量轻、颜色浅、外观十分自然。脱水过程也非常有效,但是所使用的醇和醚必须是无水的。对于许多文物,只有用醇和丙酮才能有效脱水。由于材料成本高,这种方法仅适用于处理小件文物。醇类,尤其醚类高度易燃,用这种方法保护木制品时必须特别小心。

5. 樟脑醇法

这种方法实质上类似于上述的脱水处理法,只是添加了临时填充剂。木材中的水被水溶性醇完全置换后,又被樟脑置换。樟脑填充木材空腔和细胞壁,然后慢慢升华(直接从固态到气态),而不对细胞壁施加任何表面张力,因此木材不会塌陷、收缩或变形。处理后的木材散发着芳香并且质轻、色浅。樟脑可以溶解于任何醇类。建议遵循以下步骤:

(1)小心地彻底清洁木材。

(2)用一系列醇浸泡使木材脱水。从50%醇和50%水开始(50%/50%),接着是75%/25%,然后是90%/10%,最后是100%的醇。这是最保守的程序,实际操作时醇溶液的精确浓度可以变化,脱水过程取决于待处理木材的状况。

(3)木材脱水后需精确称重。将木材置于加热至52℃的95%乙醇、5%樟脑的溶液中,直至木材停止增重。每天称重检查进度。每次重量停止增加时,向溶液中加入5%的樟脑,直至樟脑浓度达到75%~80%。这个过程可能需要数周甚至数月。在整个处理过程中,溶液需要保持加热至52℃,并且通过加入更多的醇保持溶液浓度恒定。实际操作时,处理过程并不需要很多监测。

(4)木材从溶液中取出后,醇将在几周内蒸发,细胞壁上留下结晶的樟脑。之后的数月时间,樟脑会升华气化。可以在木材表面涂抹清漆、蜡、聚氨酯、达玛树脂、松香甚至PVA,以减缓樟脑的蒸发。

非常推荐使用这种处理方法,但是就像醇-醚法一样,处理大件木材时因需要大量资金而变得不太实际,并且溶液高度易燃。

6. 冷冻干燥法

冷冻干燥法适用于规则的小件木制品，唯一的限制是需要使用适当大小的冷冻干燥容器（Ambrose 1970，1975；Rosenquist 1975；McCawley et al. 1982；Watson 1982）。过去，这种方法的主要问题是木制品表面可能会出现龟裂和缝隙。这是由冰晶体膨胀破坏细胞壁造成的。安布罗斯（Ambrose 1970）发现，如果将木制品浸泡在 10% 的 PEG400 溶液中进行预处理，直至其达到饱和，那么基本上可以消除冷冻干燥过程中形成的冰晶。这种预处理已经成为木制品和皮革制品冷冻干燥法的标准程序。预处理时导入文物中的 PEG 不仅可以在冷冻干燥期抑制冰晶的形成，还可以在处理后作为湿润剂防止木制品过度收缩。

沃森（Watson 1987：274 - 275）发现 20% 或更高浓度的 PEG 溶液能通过渗透作用使溶液中存在的任何微生物脱水而死。他建议对于轻度降解的木制品使用 20% 的 PEG400，对降解稍重的木制品使用 10% 的 PEG400 和 15% 的 PEG4000。而对于严重降解的木制品，PEG4000 的浓度可以提高至 25%，但若使用 PEG4000，处理时间也需延长。如果使用浓度小于 20% 的 PEG 溶液，就需要在处理前往溶液里添加抑菌剂，如 1% 的硼砂/硼酸或 Dowicide1，以防止溶液中生成任何黏菌或霉菌。

PEG 预处理后，将木制品置于家用冷冻柜中冷冻。随后，建议将木制品放在－32～－40℃的冷冻干燥室中，并当木制品温度达到－25℃后抽真空。在此过程中，冷冻的冰晶升华，水汽凝结在冷凝器盘管上。保持这种状态直至所有的水分被去除。脱水过程可以通过称量被处理的木制品来确定。当木制品不再减重时，处理完成。处理后的木制品应储存在相对湿度为 45%～60% 的环境中。本章以及"皮革制品的保护"一章中介绍的冷冻干燥法与处理其他任何浸水有机材料的方法基本相同。

尽管冷冻可以在卧式冷冻柜中进行，但是生物样本最好是进行速冻。这可以通过把木制品浸入盛有丙酮和干冰（冷冻 CO_2）的容器中来实现。部分使用家用冰柜（特别是无霜冰柜）来非真空冷冻干燥的效果也不错。把预处理的木制品放在家用冰柜中直至木制品干燥。真空冷冻干燥过程需要数周，而这种非真空处理过程则需要数月（McCawley, et al. 1982）。

在本节讨论的所有处理方法中，由于冷冻干燥机的高成本，冷冻干燥是最昂贵的。鉴于大多数冷冻干燥机的尺寸有限，处理较大木制品的设备成本会大幅提高，所以大多数实验室仅在处理小件木制品时才用冷冻干燥法。

7. 硅油法

自 1993 年，得克萨斯农工大学保护研究实验室和考古保护研究实验室的 C. 韦恩·史密斯（C. Wayne Smith）博士一直在研究使用聚合物介质来稳定和保护有机材料。聚合物介质已经成功地用于浸水木制品、玻璃制品、皮革制品、编织篮筐和软木塞的保护，甚至是玉米芯这样的几乎不可能被保存的文物，同时保持了其典型特征。对兽皮、生物组织、考古骨质样本的保护也很成功。有机样品的电子显微镜和化学分析表明，通过硅聚合物置换自由水和空气而稳定的有机样品，相较于储水和风干的样本而言，其具有一些独特的性质。针对大学实验室和院系的一项非正式调查表明，有机硅填充及相关技术的应用，在许多领域会立即产生良好效果。在博物馆文物保护、档案和工业应用方面的确如此。

适用于小件木制品和其他有机材料的硅填充处理法的简化版本如下：

（1）将浸水木制品直接放入乙醇溶液中，在真空下（10 kg）保持约 1 小时。

（2）将干燥后的木制品放入丙酮溶液中，在真空下保持约 1 小时。

（3）取适量 SFD‐1 硅油，按照质量将 4% 的异丁基三甲氧基硅烷混合在其中。异丁基三甲氧基硅烷是交联剂，会在接下来的步骤中使硅油固化。将木制品浸入该混合物中，在低真空（5 kg）下过夜。这一阶段的重点是真空度不能过高，以防止细胞结构崩溃。

（4）取出木制品，用干布擦拭，去除表面多余的硅油。

（5）将木制品放在密闭容器中，容器中放置少量 FASCAT Catalyst 4200，置于 52℃的炉子中，高温使 FASCAT 蒸发从而固化木材中的硅油。

硅油处理过的木制品色泽非常自然，在尺寸上却很少甚至没有变化。木制品稳定，不像其他方法处理的木制品那样需要密切的环境监控。文保人员必须注意这种处理方式是不可逆的，而且本章介绍的其他方式也很少是可逆的。

四、文物保护的可逆性

理论上，任何保护过程都需要具有可逆性。然而在现实中，可逆性的问题已被严重夸大，并且在许多情况下被歪曲。例如，从保护处理完毕的一件严重劣化的浸水木制品中去除所有聚乙二醇是不可能的。在处理过程中，一部分 PEG 与木制品中剩余的木质素和细胞结构化学键合，阻止了聚合物的完全移除。除了化学键合，多余的 PEG 残存于细胞空隙中。即便是最佳的 PEG 处理木制品的方法也会在过程中造成细胞损伤。事实上，保护木材的过程可能会破坏木制品的结构完整性。去除 PEG 的过程将对木制品已经变弱的物理结构造成额外的损害。在很多时候，重新处理严重劣化的浸水木制品的过程会造成比想象中更大的损害。

在很多时候，人们过于重视文物保护理论上的可逆性，而忽视了一些更重要的问题，包括文物的劣化程度、试图进行可逆处理的效果、100%可逆的成功率以及文物的需求等。相比之下，使用硅油法处理严重浸水和受损的木制品，不会导致 PEG 处理产生的细胞变形。处理完成后，聚合物处理木材样本的薄切片能在大多数情况下得到很好的保存，后续还能进行种属鉴定。

迄今为止，人们已经证明硅树脂处理法是可逆的。可是实际上，可逆处理将导致典型特征消失的可能性太高。这表明可逆性过程尚需大量的研究。但是，预期的持久性、保护处理的时间短和易于控制都是硅树脂处理法极有价值的方面，这是很多文物在处理时的重点考虑因素。

文保人员需要解决的更大的问题是文物的长期保护。很多文物保护的常规技术，其预期寿命都相对较短。这就是为什么可逆性始终是一个问题。经 PEG 处理的文物，能在气候和温度得到控制的环境中的长期保存，这仅仅是在一定程度上延长了文物的预期寿命。这种膨胀性材料的水溶性和化学不稳定性必然会导致文物内部的缓慢劣化。

硅树脂方法的持久性就很好。大量测试以及近 25 年收集的硅树脂工业数据表明，用于保护的聚合物的最短半衰期至少为 200 年。这些新技术在操作上的便利性也是另一个考虑因素。从乌鲁布伦(Uluburun)沉船(约公元前 1300 年)中打捞出水的非常精美脆弱的玻璃珠的实际保护处理时间约为 20 分钟。一旦保护完成，只需要短暂的固化期就能用手触摸。

所有关于可逆性的问题中，最后还需要考虑到，严格遵守传统技术就永远不会发现更新更有前途的技术。本书并不认为硅树脂是满足所有保护需求的灵丹妙药。相反，这些新技术将会并正在对考古保护产生影响，因为传统工艺中的可逆性从来就不绝对。硅树脂处理法只是众多保护方法中的一种。研究表明，考古保护科学接下来的几十年将取得令人振奋的新进展。文物保护科学有责任去追求、定义和改进未来的技术。

五、小　结

还有一些没有广泛应用的浸水木制品保护方法，例如在己烷溶液中用石蜡作为填充剂。最重要的是人们要认识到，浸水木制品的保护问题可以通过一些处理方法来解决。处理方法的选择可能取决于一个或多个因素：希望木制品拥有特定的颜色或纹理更分明；木制品必须是可胶黏的、柔性的或刚性的；木制品是木材金属复合物的一部分；或者最终产品要对湿度波动不敏感，而且可以在不利条件下得以保存。所有这些问题都可能是文保人员所关心的，并且有与之对应的理想保护方案。本章中列举的所有处理方法都适用于不同的情况，文保人员应将它们视为可接受的替代方案。

第七章

皮革制品的保护

一、初步清理

　　海洋环境出水皮革制品中的大部分可溶性盐必须去除,方法与骨骼和陶瓷的脱盐方法相同。在进行保护处理之前,必须清洗考古发现的皮革制品上的所有顽固污垢。理论上,皮革只能用水清洗。但根据皮革制品状况和特定问题,可能需要各种机械清洁技术。软刷、喷水机、超声波清洗机和超声波牙科工具都是有效的皮革机械清洁工具。如果需要化学方法清洗去除顽固污垢,可以使用少量的非离子清洁剂(约 1%的溶液)或六偏磷酸钠。如果使用 Calgon(一种商用软水剂),要确保其 pH 值在 3～5 之间。使用添加剂清理皮革可能不太安全,清洁之后应彻底冲洗皮革。不要使用任何会损坏皮革胶原纤维的化学物质。

　　可配置 50%水、50%乙醇溶液以用于安全地储存浸水皮革或类似有机物。溶液中可加入 10%体积分数的甘油和 2～3 滴甲醛。

　　文保人员必须时刻牢记,把稳定的污渍留在皮革上往往比试图去除而损坏皮革要好。对于污渍,特别是铁渍,可以使用 3%～5%柠檬酸铵或乙二胺四乙酸的二钠盐(EDTA 二钠)。EDTA 的商业名称是 Titriplex III 和 Disodium Deterate。在密切监测下浸泡皮革 2～3 小时,然后用流水或自来水冲洗,直至去除所有化学残留物。检查盛有皮革的水浴溶液的 pH 值,确保没有化学残留物。切记,清理锈斑和矿物质结合物的化学试剂(如草酸,EDTA)可能会进一步水解皮革中的蛋白质胶原纤维。此外,它们还能去除掉一部分的鞣制、着色剂、绘画装饰和其他特征,这些都是皮革制品典型特征的一部分。在皮革上使用任何这些化学物品时,都应谨慎行事,不应把典型特征去除。

冷冻干燥和溶剂脱水是浸水皮革最常用的保护方法,不过,任何一块皮革制品的干燥方法都取决于它的沉积状况、埋藏环境、种属类别、个体(人或兽)的健康和性别、皮肤在身体上的位置、生产方法或鞣制方法以及皮革制品的历史。沼泽中清理出的物品使用 15% PEG400 的冷冻干燥法,已经取得了很好的效果。PEG起到了润滑剂的作用,能使皮肤和骨骼在干燥过程中的收缩最小化。

二、脆弱和/或干燥皮革制品的处理

以下涉及添加润滑剂(lubricant)的处理方法已经成功用于脆弱和/或干燥皮革。甘油溶于水和酒精,可作为皮革保湿剂。

1. 史密森甘油法

59%甘油(丙三醇)

39%水

1%甲醛或1%联苯酚(TM)1

或者

25%丙三醇

75%甘油

把皮革制品浸入溶液,直到皮革变得柔韧(使用酒精溶液时很难确定皮革何时会变得柔韧,因为酒精会使皮革变硬),这可能需要数周的处理时间。这种方法可以恢复皮革的弹性。但是,甘油吸湿会导致霉菌生长。尽管如此,这种方法已经十分成功。

伦敦博物馆发掘的浸水皮革在 30% 甘油和 70% 酒精（乙醇）的溶液中保存两周。然后将皮革在丙酮中连续浸泡三次脱水，每次 3 小时（甘油不溶于丙酮）。把 10%～40% 甘油混合到 60%～90% 酒精或水中也能获得类似的效果。应避免使用浓缩甘油。尽管溶液中的酒精会去除鞣剂，但与水相比，酒精会加速保护过程，并赋予皮革更大的机械强度。

甘油法也能用于编篮、席子和鞋等物品，以帮助其恢复韧性，但效果经常不太理想。应该记住的是，如果文物在其原始状态就不是特别柔韧的话，那完全没理由使它变得柔软有弹性。甘油可以与 PEG 组合使用。若要逆转甘油保护的文物，如编篮，可以用连续更换乙醇溶液浸泡的方法去除甘油。

2. 大英博物馆皮革处理法（BML 法）

200 g（7 oz）无水羊毛脂

30 mL（1 oz）柏木油（作为杀真菌剂）

15 g（1/2 oz）蜂蜡（可选）

350 mL 乙醚（沸点 15～25℃）或 330 mL 己烷

将前三项物品放在一起加热（可以不加蜂蜡，其功能是抛光剂），然后把熔液倒入乙醚或己烷中，不断搅拌至冷却。因为乙醚和己烷沸点低且非常易燃，操作时需特别小心。谨慎地涂抹少量溶液在皮革上并擦拭均匀。两天后，用软布抛光处理后的皮革。非常硬的皮革可以浸泡在 1 份 BML 溶液加 3 份斯托达德溶剂（Stoddard solvent）中。BML 会造成皮革变暗，但处理效果较好。

3. 聚乙二醇法

干燥皮革可以浸在水或乙醇中，用 PEG1450、PEG540 混合物、PEG600 或 PEG400 处理。过去，用 PEG 处理皮革需加热至 40～50℃。现在大多数皮革处理都在室温下进行，因为加热通常对皮革有害。

PEG 法是将皮革浸入含 PEG 的水或乙醇稀释溶液中（10%），当皮革吸收 PEG 时，以 10%的增量增加 PEG 浓度。最终 30%浓度的 PEG 溶液能满足大多数考古发现皮革保护的需要。将皮革制品在 30%的 PEG 溶液中浸泡数天，直到皮革变得有弹性。一旦皮革变得柔韧，就将其从溶液中取出，用甲苯或水清除多余的 PEG。在受控条件下，让处理后的皮革慢慢干燥。

如前几章所提到的，PEG 有若干类型，每种都有其自身的特点。PEG540 混合物（等份的 PEG1450 和 PEG300）具有轻微的吸湿性，在高湿环境下会返潮，因此，经 PEG540 混合物处理的皮革表面有时用硬蜡（即 100 g 微晶蜡和 25 g 聚乙烯蜡的混合物）封护。PEG3250 非常硬，不太吸湿，主要缺点（在某些情况下是优点）是处理后的皮革很僵硬。当使用 PEG3250 时，需在蜡还温热时将文物处理成最终的形状，然后待其冷却。PEG1450 的处理效果一直很好。各种 PEG 法都常用于干燥皮革制品的保护处理。当皮革要进行冷冻干燥时，通常使用 15%PEG400 溶液预处理。

PEG 处理的皮革具有吸湿性、表面油腻且颜色较深的特点。另外，PEG 最终有可能会从皮革中析出。

4. 巴文法（Bavon）

Bavon ASAK 5205 是水溶性乳液，而 Bavon ASAK ABP 是溶于溶剂的乳液。Bavon 的确切化学性质尚不可知。一些文献称 Bavon 为烷基琥珀酸——矿物油混合物，Bavon ASAK ABP 是不饱和烃的多元醇和部分酯的共聚物。在考古保护中，Bavon 作为润滑剂使皮革变得柔软，并赋予其自然的棕色外观。

非常硬且干燥的皮革可以通过浸泡在由 6 份 Bavon ASAK ABP 和 4 份 1∶1∶1三氯乙烷组成的浓缩巴文皮革处理液中成功软化。浸泡，直至达到令人满意的柔韧性，然后把皮革制品放在吸水纸和玻璃板之间干燥。

三、潮湿或浸水皮革制品的处理

与很多海洋环境出水的有机材料一样,皮革在海洋环境中经历了一系列复杂的变化(Florian 1987)。长久以来,文保人员就已经认识到浸水皮革难以恢复到外观自然、化学稳定的状态(Jenssen 1983)。延森(Jenssen 1987)总结了目前最常用的处理方法。最重要的处理方法如下。

浸水皮革在处理前应储存在含 0.1% Dowicide 1 的水中。如果准备使用有机溶剂处理皮革,可以储存在 50%水和 50%乙醇溶液或纯乙醇中,杀菌剂并不是必需的。处理后的皮革制品不应存放在相对湿度高于 63%的环境中。

1. 聚乙二醇法

按照上述处理脱水皮革的方法,用 PEG400、PEG540 混合物、PEG600、PEG1450 或 PEG3350 进行处理。逐渐提高溶液中 PEG 的浓度至 30%～100%。用 PEG 水溶液处理的过程相对较慢,但比溶剂溶液处理的成本低。一些文保人员更喜欢乙醇处理法,而另一些文保人员则认为与水处理相比,乙醇处理法会使皮革收缩得更厉害。不过溶剂溶液处理后的皮革更轻且收缩均匀。所有使用 PEG 处理的浸水皮革都取得了令人满意的效果,但是如果最后一步来用冷冻干燥,那么处理效果会大大加强。冷冻干燥的过程与木质文物相同。商业真空冷冻干燥室的效果最好,但是家用冰柜的效果也不错。前者仅需一周左右,后者可能需要数周。可以通过定期称重来确认皮革制品的处理进度。

2. 巴文法

(1) 用 1%的聚乙二醇单辛基苯基醚(Lissapol)溶液、橄榄皂、软皂(soft soap)

或洗革皂清洗皮革。绝不能在皮革上使用商业洗涤剂,因为它们可能会提取皮革中的鞣料。

（2）如果有铁渍,可以将其浸入含 3%～10% EDTA 二钠（pH 值为 4）或 3%～5% 柠檬酸铵（pH 值为 5）的自来水溶液中,最多需要 1 小时（有可能更短）即可去除铁渍。有报告指出 EDTA 会损坏皮革纤维,但有选择且谨慎的使用就会相对安全。加拿大保护研究所推荐使用柠檬酸铵来代替 EDTA 二钠。

（3）如果皮革上有含钙物质,将其放入 2% 盐酸溶液中 1 小时。

（4）用流水彻底冲洗皮革 30 分钟以降低 pH 值至 3～6 或至冲洗水的 pH 值。

（5）两次或多次连续地用丙酮浸泡皮革脱水,每次 1 小时。

（6）风干至皮革变软,然后将其放在吸水纸和玻璃板之间干燥 24 小时。

（7）用刷子涂抹巴文（Bavon）皮革敷料（配方如下）,涂抹过程中弯曲和调整皮革外形。

巴文皮革敷料:

1 L 稳定的 1∶1∶1 三氯乙烷

1 g Dowicide 1

50 g 无水羊毛脂

20 g Bavon ASAK ABP

3. 甘油法

伦敦博物馆发掘的浸水皮革制品的保护方法如下: 放置在 30% 甘油和 70% 酒精（乙醇）的溶液中保存两周,然后连续三次每次 3 小时地使用丙酮浸泡和干燥（甘油不溶于丙酮）。使用在 60%～90% 乙醇或水中混合 10%～40% 甘油的溶液也可以获得良好的效果。

4. 冷冻干燥法

冷冻干燥法是保存浸水皮革的最佳方法。首先将皮革浸入 15% 的 PEG400 溶液中，PEG400 作为保湿剂可防止皮革过度收缩（PEG 溶液中需加入杀菌剂，如 1% 硼酸）。浸泡后，将皮革冷冻至 $-20 \sim -30℃$。像生物样本一样，最好是快速冻结。可以把皮革和干冰（固体二氧化碳）一起浸入丙酮中。接下来，放在真空的冷冻干燥室内 2～4 周。在有些卧式冰柜（首选无霜）中采用非真空冷冻干燥法，效果亦尚可。

5. 有机溶剂脱水法

这种方法是用水溶性有机溶剂来置换皮革中的水分。在大多数情况下，使用一系列极性渐次降低的溶剂，如 $x\%$水＋$x\%$异丙醇浸泡，接着是 100% 异丙醇浸泡，100% 乙醇或甲醇浸泡，100% 甲基乙基酮浸泡，100% 丙酮浸泡，最后是 100% 乙醚浸泡。黏质胶原纤维的缓慢干燥使皮革表面变得不再黏稠并且不再易碎，因而更加有弹性。这是非常保守的处理方法。在大多数情况下不需要那么多次浸泡，而对于某些皮革仅用丙酮浸泡脱水即可。以下是普伦德莱思和沃纳（Plenderleith，Werner 1971：34）介绍的有机溶剂脱水法，这种方法使皮革能够在保持柔性的前提下干燥而不会过度收缩。

（1）用 5%～10% 的 EDTA 二钠（pH 值为 4）去除铁渍。

（2）用清水冲洗皮革，轻轻刷洗。

（3）将皮革浸泡在甲基乙基酮或丙酮中，去除多余的水分。

（4）将皮革浸泡在含杀菌剂（如环烷酸的氧化物）的四氯化碳中。

（5）置于吸水纸和玻璃板之间进行干燥。

（6）如有必要，涂抹皮革敷料对皮革整形。

在上述各种处理方法中，最有效的是用溶剂干燥处理后施用皮革敷料。在可控条件下,风干湿润皮革的效果一直很不好。水分逃逸时的收缩力会将蛋白纤维揪在一起,导致皮革硬化和收缩。一些文保人员则更偏好在 PEG 400 预处理后使用冷冻干燥的方法。这是两种最常用的方法,都能达到不错的效果,但处理后的皮革总存在油腻感,或过硬和/或干燥易碎的问题。

6. 硅油法

硅油法处理浸水皮革制品的过程与浸水木制品相似。当然在处理浸水皮革时,当硅油和交联剂在浸水皮革中饱和之后,在皮革表面涂抹催化剂的效果最好。

第八章

纺织品的保护

一、纺织品简介

　　"纺织品"是指机织织物,也指由各种纱线通过搓捻、缠绕、针织、钩针编织、结网等方式交织而成的织物。广义上的纺织品还包括诸如毛毡和非经纬交织而成的产品等,其纤维是用纺纱以外的工艺黏合聚拢而成。

　　本书关于纺织品的保护仅限于动植物来源的天然纤维,如羊毛、毛发、丝绸、棉花、亚麻、黄麻、大麻、荨麻和草等。动物纤维主要由蛋白质构成,比主要由纤维素构成的植物纤维更耐腐蚀。例如,亚麻和棉花在潮湿环境条件下非常容易遭受细菌的侵蚀,因此考古发现中保存下来的就很少。所有的纺织品都会被光、害虫、微生物和空气污染等因素破坏,这些污染因素单独一种或多种一起导致纺织品的抗拉强度和柔韧性显著受损。空气中的氧气会在不同程度上影响有机物质。长时间暴露在普通的大气环境中会导致纺织品脆化或碎裂。腐坏的速度随环境和纤维的性质而变化。促使纺织品腐坏的主要因素可分为以下三个方面。

　　(1)有机因素:由于纺织品是有机物,因此会受到霉菌和细菌的侵袭。湿热、空气不流通以及接触植物等因素有利于微生物滋生,在这些条件下纺织品的腐烂分解最严重。有机物还可能遭受昆虫的破坏。

　　(2)物理因素:过热会导致纺织品干燥和脆化,紫外线照射会导致脆化以及敏感染料的光化学降解。

（3）化学因素：暴露于有毒气体中也会导致脆化。在某些情况下，这些气体会转化成酸，而酸是一些纺织品腐坏的主要原因。

一般来说，纺织品的保护应留给专业人员来解决，不过，许多考古标本也可以由初学的文保人员来处理。在采取任何措施前，应首先确定织物的纤维构成，尤其是需要去除污渍的话。通过燃烧等物理测试手段，能快速识别动物纤维的存在，因为其不易燃烧并会皱缩成碳残留物。这些纤维通常会散发出类似头发烧焦的独特气味，植物纤维则很快燃烧成细灰。许多纤维和毛发通过显微镜观察也可以很容易地识别。例如，动物毛发可以通过其特有的角质层模式和髓质横截面来识别。保护人员借助简单的染色测试还可以区分不同种类的纤维。

考古遗址中最常遇到的纺织品材料是亚麻、棉、羊毛和蚕丝。亚麻（见图8.1）是取自亚麻茎和枝经纺织而成的植物纤维。亚麻纤维紧实耐用。由于纤维素含量高，亚麻能忍受中度的碱性条件影响，但易受酸破坏。水分能轻易地通过亚麻纤维，造成纺织品尺寸、重量以及整体强度的变化。亚麻可染性差，因此多呈漂白或原白状态。

图 8.1　亚麻纤维

棉（见图8.2）是从棉籽上的棉绒上得到的植物纤维。它耐中等程度的碱性，但易受到酸的不利影响。棉不像麻那样传输水分，成品有很强的吸水性。正因如此，棉具有很好的可染性。棉纤维特性是呈顺时针扭曲的，因此常被纺成 Z 捻。

图 8.2　棉纤维

羊毛（见图 8.3）由蛋白纤维构成。羊毛蛋白质中大部分的氨基酸为角蛋白，含有会吸引昆虫的硫。羊毛纤维的吸湿性和可染性都比植物纤维好。羊毛纤维不是一种强力纤维，尤其湿了以后强度会显著降低。

图 8.3　羊毛纤维

蚕丝（见图 8.4）是从蚕的茧丝获取的动物（昆虫）纤维。因为其主要成分是蛋白质，蚕丝很容易受到碱和各种无机酸的破坏。像羊毛一样，蚕丝容易吸收水分，也容易染色。不过染料在蚕丝上不如在羊毛上那么耐光。蚕丝纤维的强度与同等直径的钢丝一样强，但是对光非常敏感，因此在受到紫外线照射时，蚕丝比羊毛更容易老化。

图 8.4　蚕丝纤维

在纺织品保护过程中，通常会用到扁平的浅盘、加热板、支架或其他在进行清洗、处理和干燥过程中能对脆弱的纺织品进行支撑的装置。处理过程包括档案记录、清洗、加固、消毒杀菌及妥善地保存和保护，免受环境可能造成的损坏。

二、纺织品保护过程

1. 档案记录

一份完整的档案应该记录待处理纺织品的所有相关信息，包括图像和文字。文保人员需关注以下方面的信息：

（1）纤维的性质。

（2）纱条的捻向（即 Z 捻或 S 捻）。

（3）每英寸（或每厘米）的经线数和纬线数。

（4）织造和染料的类型（耐水或可溶）。

（5）装饰图案。

（6）金属线以及其他可检测的或感兴趣的特性。

2. 尘土、色斑、污渍的清洗

纹织品上大量的污垢都能简单地用水洗涤去除。建议最好用去离子水清洗。可在水中添加 0.4%～1% 的氢氧化铵（动物纤维加 0.4%，植物纤维加 1%）以获得更大的去污力。对于纺织品上顽固的尘土污垢，如有必要，可添加 1% 的中性非离子洗涤剂（如 Lissapol N）去除。在清洗过程中，纺织品可在 4% 的过氧化氢溶液中漂白。而对于更加顽固的污渍（包括霉斑、黑色硫化物及有机污迹等），可将织物浸泡在以下溶液中。

清洗液 1：

1 L 去离子水

60 mL 30% 过氧化氢

2.5 g 硅酸钠溶解于 100 mL 加热的去离子水中

清洗液 2：

1 L 去离子水

300 mL 30% 过氧化氢

20 g 硅酸钠

5 g 碳酸钠

5 g 氢氧化钠

浸泡 30 分钟至 1 小时或者直到污渍去除，然后将织物放入密封袋中使其氧化。

硅酸钠和偏硅酸钠作为稳定剂，可防止过氧化氢（H_2O_2）分解为水（H_2O）。

尽可能简单地采用过氧化氢（可添加稳定剂）去除污渍，因为过氧化氢具有漂白作用，失氧后转化为水，因此没有持续化学反应的危害。过氧化氢可用于所有植物纤维的清洗，其漂白效果是永久性的。不要在毛发或其他任何原色不是白色的纤维上使用过氧化氢。可通过添加不同的钠或碱性化合物来调节溶液的 pH 值以增强清洁能力。

铜锈可用 1%～5% 的氢氧化铵处理。对于银锈，先将斑渍用氰化钾浸透，再滴几滴碘酒，然后用 5% 的硫代硫酸钠溶液去除生成的碘化银残余。对于纺织品上的铁锈可用以下化学溶液处理：

5% 盐酸（HCl）

5% 草酸（$H_2C_2O_4$）

10% 氢氟酸（HF）

5%EDTA 二钠

5% 乙酸（CH_3COOH）

5% 甲酸（HCOOH）

2%～10% 柠檬酸铵

草酸和氢氟酸溶液对于清洗考古出土纺织品上的铁锈是最有效的。然而，在使用氢氟酸时需格外谨慎。通常推荐使用 EDTA 二钠和柠檬酸铵，因为它们较高的 pH 值（大于 2.5）对纤维的损伤较小。这两种溶液都有效但速度相当慢。任何一种化学处理后都要用去离子水强力漂洗，以去除纺织品上的残留物，以防随着时间的推移对纤维造成损害。

对于不能用水清洗的纺织品（如含水溶性染料的纺织品），建议使用有机溶剂（如全氯乙烯或三氯乙烯）或石油溶剂（如 White Spirits）进行干洗。溶剂清洗的优点有以下几个方面：

（1）溶剂不像水那样会软化纺织品纤维，从而降低了收缩和变形的风险。

（2）不耐水的染料不受溶剂的影响。

（3）溶剂去除油脂比水有效。

（4）一般说来，溶剂挥发迅速，干燥快。

用溶剂清洗的成本要高得多，同时还需考虑溶剂的毒性和易燃性问题。

3. 脆弱纺织品的加固

通常，加固脆弱纺织品唯一可行的方法是将其固定在涤纶、轻质棉、玻璃纤维或其他材质制成的合成网片上。特别脆弱的纺织品有时可夹在塑料或玻璃薄板之间。在大多数情况下，可用热封胶，如聚乙酸乙烯酯、聚乙烯醇、丙烯酸 B-72或其乳液来涂覆背衬，然后将背衬熨烫（热封）到纺织品上去。为防止脱线，所有线头或经纬线的断裂处均应用胶黏接。

文保人员也可以用各种合成树脂来加固脆弱的纺织品。因为水能软化纺织品纤维，所以乳液或水溶性树脂是优选。水基黏合剂相比溶剂胶黏合剂能给文保人员提供更长的操作时间。保护纺织品最常用的树脂有以下几种：

（1）聚乙烯醇（水溶性，干燥收缩率最小）。

（2）聚乙酸乙烯酯（V7）（注意：干燥过程中树脂收缩会导致纤维变形）。

（3）羟乙基纤维素乙基醚（水溶性、柔韧性好）。

（4）聚甲基丙烯酸酯。

（5）5%的丙烯酸 B-72 甲苯溶液。

可用 0.15%羟乙基纤维素乙基醚、0.6%聚乙二醇（PEG）400 及 0.2%杀菌剂的混合液加固脆弱纺织品，并恢复脆弱纤维中的水分。可用 20%羊毛脂甲苯溶液处理以防纤维破碎和起绒。

4. 消菌杀毒

批量进行防霉杀菌时，将受损的织物放在含麝香草酚的密闭容器中。在灯光照射下，晶体会挥发。用麝香草酚处理后，在纺织品上喷洒 0.5%～1%的来苏尔（Lysol）溶液。这种处理方法可解决大多数问题。也可用二硫化碳作为熏蒸剂。

实验室内可用 0.1%邻苯基苯酚（Dowicide 1）、68%乙醇和 30%去离子水混合在一起制备消毒剂。此溶液对大多数细菌、真菌孢子和表面霉菌都有效。Dowicide 1 在水中的最大溶解度是 0.1%，在醇中的最大溶解度是 46%～58%。也可用 2% Dowicide A 和联苯酚钠溶液。Dowicide A 在水中的最大溶解度是 120%，在乙醇中则约为 350%。对于大多数纺织品而言，用来苏尔消毒剂喷雾即可满足杀菌的需要。来苏尔喷雾由 0.1%Dowicide 1、79%乙醇、8%N-烷基和 0.035%N-乙基吗啉硫酸乙酯（除臭剂和芳香剂）组成。文保人员需注意，这些处理的效果并不持久。

5. 浸水帆布和绳索的保护

通过西澳大利亚博物馆保护部（the Conservation Division of the Western Australia Museum）对一艘 19 世纪沉船上出水文物的一系列试验，提出对帆布（或其他类似织物）和绳索采取以下保护措施：

（1）浸泡在 10%的盐酸中，以去除所有附着的凝结物和部分铁锈污渍。

（2）然后用自来水冲洗，观察染料是否会受到影响。

（3）浸泡在丙酮中以去除焦油、沥青、动物油脂或其他可溶于丙酮的污渍，观察染料是否会受到影响。

（4）随后浸泡在 5%草酸中以去除大部分（如果不是全部的话）铁锈，处理时间从几小时到几天不等。

（5）浸泡在 5%EDTA 二钠溶液中以去除残留的铁锈，浸泡时间从几小时到三天不等。

注意：对于特别顽固的铁锈，可能需要先后用步骤（4）和步骤（5）进行处理。在其他情况下，任选步骤（4）或者步骤（5）中的一种处理方式即可。

（6）用5%的过氧化氢溶液进行漂白。极其顽固的污渍，可用强溶液（10%～20%）进行短时处理。仅对布料、帆布和原始色为白色的织物执行此步骤，切勿在动物纤维上使用过氧化氢。

（7）用去离子水或蒸馏水彻底冲洗。

（8）用丙酮结合风干法进行脱水。

（9）如有必要，用适当的有机树脂进行加固。在某些情况下，只能用可热封树脂处理织物，将其装裱或密封在轻质棉或合成网等材质制成的背衬上。

目前正尝试用硅油法处理浸水的纺织品和绳索，保护效果前景光明。更多信息详见考古保护研究实验室的相关报告（见网址 http://nautarch.tamu.edu/aprl/reports.shtml）。

6. 保　存

将纺织品存放在控制大气污染物和紫外线照射的环境中，相对湿度需控制在68%以下（超过70%会导致霉菌的滋生）。最好将纺织品保存在温度低于10℃，相对湿度不超过50%的暗处。在存储区放置卫生球（对二氯苯）以防止蠹和其他害虫，这点在储存羊毛时尤为重要。

第九章

金属制品的保护： 准备工作

一、金属简介

　　海洋考古遗址的出水文物给文保人员造成了众多难题。文保人员认真研究并研发了各种技术来保护金属文物。接下来，将介绍处理和记录沉船或其他水下遗址出水金属文物最适用和有效的方法及保护技术。

　　在冶金史的长河中，人类只用到过少数几种金属。古代的金属（铁、锡、铜、铅、银、金）被人们一致认可并用来制造工具、武器、装饰品、五金及其他用具。这些金属或单独使用，或与其他金属组合使用，或与锌或锡结合形成更具适用性的合金，如青铜、黄铜和白镴。

　　自制造之时起，除金以外的各种金属及合金便与环境发生反应，腐蚀的过程也随之开始，试图将金属转化为更稳定的化合物。在确定适用于该金属器有效的保护技术之前，文保人员必须注意，暴露于不同环境所产生的腐蚀产物也不同。腐蚀产物的性质决定了保护技术和程序的有效性。

　　金属的腐蚀可以从陆地环境和水生环境两方面进行讨论，前者包括温带、热带和沙漠，后者有咸水、淡水之分。更简单的方法是观察环境中氧气和水分的含量。在任何环境中，水分都是一个关键变量。因为这里主要讨论水生环境，尤其是海洋环境，所以暂不考虑干燥环境（该环境下金属腐蚀程度最低）。在海水中，上述变量与温度、pH 值和氯化物等腐蚀性阴离子一起，决定了金属腐蚀的速度和腐蚀类型。

本章讨论铁在海水中的腐蚀,铁器的保护及其他金属的相关内容将在随后的章节里论述(有色金属制品的腐蚀和初步保护,铜器的保护,银器和银合金制品,铅器、锡器和铅合金制品,金器和金合金制品)。

二、准备工作：档案记录、保存、机械清理

早期出版的《文物和艺术品保护》(*Conservation of Antiquities and Works of Art*)综合了所有环境出土/水文物的保护方法。然而只含有少量海洋考古出水文物保护的内容,许多基本的保护技术都只进行了笼统的讨论。遗憾的是,现有文献论及海洋出水铁器和其他金属制品保护时,或忽略,或过于简单,或者误导备选程序、成本、时间投入和会遇到的各种问题(Peterson 1964,1969,1972；Townsend 1964,1972；Eriksen，Thegel 1966；Marx 1971；Wilkes 1971)。目前,研究海洋遗址出水铁器和其他材质文物保护技术最全面的文献是《海洋考古文物保护》(*Conservation of Marine Archaeological Objects*)(Pearson 1987a)。

海洋出水金属文物保护可能是文保人员会碰到的最棘手的问题,但是所有海洋出水金属制品的保护程序都可以用于其他环境出土/出水的金属制品。非海洋环境出水的金属制品没有遭受海水凝结物和过量氯化物的污染,处理和稳定它们所需要的时间会显著地缩短。

无论使用何种保护技术,文保人员都必须明白,对文物本身而言,任何处理措施都是不够的。它只是一系列保护过程中的一部分,旨在实现持久性的保护。文保实验室的责任是保护处理金属制品至稳定状态。海洋出水金属制品的保护涉及多个程序及替代方案,主要步骤有如下几个方面。

(1) 准备工作：①初始信息记录；②处理之前的保存；③机械清理；④初步评估。

（2）处理。

（3）最终环节：①处理后的清洗；②干燥；③封护；④储存；⑤定期检查。

1. 初始信息记录

当文保人员负责保护考古发掘的材料时，一旦凝结物或任何文物被送到实验室进行保护处理，文保人员的基本保护方法应该包括：①尽可能地保存和稳定样品；②复原有用的考古学信息；③获取保护研究所需的数据。而这些只有在坚持做好详尽记录的情况下才有可能实现，包括细节描述、射线照片、黑白照片、彩色幻灯片、已使用的保护程序的笔记等。所有的底片和照片都将被永久保存，因此需要归档处理，存放在阴凉、干燥、避光的橱柜中以获得最大程度的保护。我们也建议保存数字影像。所有资料都应系统地存储到条理清晰、易于访问的数据库中。

一份规范的记录应包括所有相关的考古数据、标识、描述和每件文物的完整保护程序。相当多的考古数据是以凝结物内文物相互间的联系及出处的形式存在。这些信息只能通过现场观察和文保人员的记录才能得以恢复。换句话说，文保人员能提供重现历史信息所必需的宝贵的考古资料，他们的职责是独一无二的。保护档案要有每件标本的处理过程，这些研究记录累积起来可以用来评估特定的保护技术。如果某件标本将来需要重新处理，档案记录就能提供有价值的信息，说明原始处理失败的原因以及如何逆转保护过程。

2. 铁器处理之前的保存

以下将重点讨论海洋出水金属文物，但同样适用于其他环境发掘的非金属文物，并探讨主要的替代储存方案。

海洋出水文物常常固结在一起，甚至形成重量超过一吨的巨大团块。单个凝结物内可能包裹多种材质的文物，包括金属、木材、骨头和纤维等。为了防止进一步腐蚀、瓦解或塌陷，这些材料在整个打捞和处理过程中都必须保持湿润，因此很有必要选择一种方案安全地储存所有材料。由于铁器是凝结物中最常见的文物，所以应该选择能对铁提供良好保护但不会对其他金属和材料产生不利影响的方案。在储存期间，凝结物应保持完整。凝结物形成的完美保护层可以减缓腐蚀，防止已经存在的腐蚀产物发生化学转化，避免文物进一步劣化，并保持文物之间的联系直至完成记录。一旦开始进行处理，各种材料去除后，单件文物可以用更理想的存储方案来放置，以待进一步的保护处理。

海洋出水铁器应当保存在缓蚀溶液中。缓蚀溶液是能够减少或防止金属腐蚀的溶液。通常使用碱性缓蚀溶液或含有氧化剂的缓蚀溶液进行保存。

1) 碱性缓蚀溶液

文物保护中最常用的碱性缓蚀剂是氢氧化钠、碳酸钠和倍半碳酸钠。含有这些碱的溶液，只要其浓度足以在金属上形成氧化膜，维持使铁钝化（即使其化学性质呈惰性）的 pH 值，就能防止含氧水中铁的腐蚀。一般来说，铁可以在 pH 值高于 8 的无氯溶液中钝化（关于存储环境的更全面的讨论，请见 Hamilton 1976：21–25）。在 pH 值小于 8 的缓蚀溶液中，氧的存在会加快腐蚀速率，局部腐蚀会比没有使用缓蚀剂的情况更严重（Evans 1963：151）。当 pH 值低于 8 时，铁很难或者不能钝化，高于 8 时相对容易，而在 10～12 之间则非常容易（Pourbaix 1966：312）。在 pH 值高于 13 且不含氧化剂的溶液中，铁会生成低铁酸盐而被腐蚀。因此，如果把铁储存在 pH 值为 10～13 的碱性溶液中，铁将保持钝化，不会被腐蚀（见图 9.1）。

如果氯化物含量不高，5% 的碳酸钠（pH 值为 11.5）或 5% 的倍半碳酸钠（pH 值为 9.7）适用于大多数铁器的储存。如果氯化物浓度很高，除非再添加额外的碱，或经常更换溶液，否则不建议在这两种溶液中长期储存铁器。由于这些溶液的 pH 值在腐蚀域附近，所以并不推荐用它们长期储存海洋环境出水的铁器，只能在田野考古现场或其他临时实验室中短期使用。

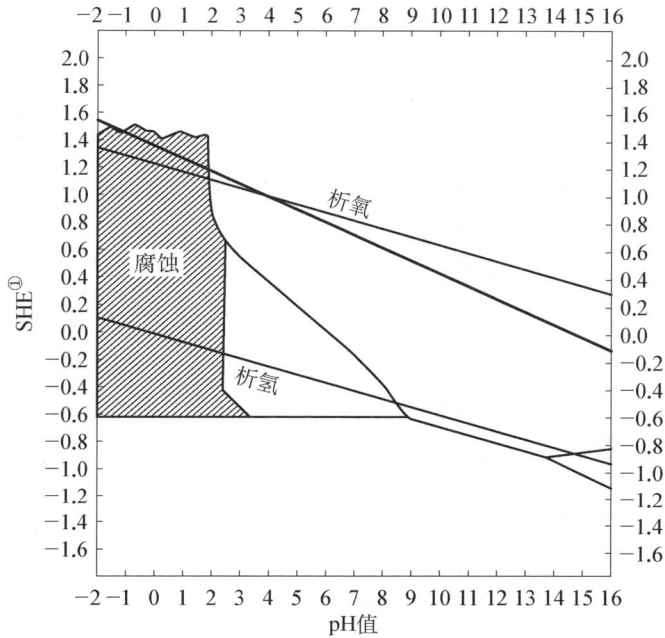

图 9.1　铁在铬酸盐溶液中的稳定条件

2）氧化溶液

如果需要长时间储存，可以使用含有氧化剂的缓蚀溶液，但是氧化剂很难妥善处理，所以这种方法不能广泛应用。从环境保护的角度来看，监测铁储存于碱性抑制溶液中更为安全。

各种铬酸盐化合物，如铬酸钾、重铬酸钾和铬酸钠等，都能有效地存储混合物。只要浓度和 pH 值维持在安全水平，比碱性缓蚀剂更可靠即可。铬酸盐溶液通过在金属表面形成非常薄的氧化铁和氧化铬钝化膜来防止腐蚀（Pearson 1972a：14）。这种氧化溶液会生成一种环境，使金属表面的 pH 值和电极电位在非常大的一个域内处于钝化范围（Pourbaix 1966：74）。不过，要注意铬酸盐溶液

---

① SHE 在化学上是 Standard Hydrogen Electrode 的缩写，表示标准氢电极。由于单个电极的电势无法确定，故规定任何温度下标准状态的氢电极的电势为零，任何电极的电势就是该电极与标准氢电极所组成的电池的电势。——编注

必须是碱性的。铬酸盐的自然碱度(即 pH 值为 9.1～9.3)是钝化铁的一个重要因素。重铬酸盐(pH 值小于 7)比铬酸盐酸性强,除非加入碱,否则不会钝化铁。添加碱(如 NaOH)将重铬酸盐转化为铬酸盐以建立铬酸盐的自然 pH 值。

与碱性缓蚀剂类似,如果 pH 值太低,铬酸盐溶液提供的保护就会无效。如果发生这种情况,铬酸盐会刺激金属表面发生强烈的局部腐蚀,并形成布满氢氧化铁膜泡的凹坑。氢氧化铁会阻断铬酸盐和铁表面之间的接触并发生阳极反应 $Fe \rightarrow Fe^{2+}$ (Evans 1963:141;Kranz 1969:20)。铬酸盐溶液的 pH 值必须保持在 9.0～9.5 的范围内,如果溶液的 pH 值小于 9,与没有使用缓蚀剂的情况相比,铁器会腐蚀得更厉害。只要溶液中存在游离的 6 价铬(Cr^{6+}),铬酸盐溶液中的氯化物浓度就不像在碱性缓蚀剂中那么关键。因此,铬酸盐溶液特别适合于被氯化物污染的环境下出土/水的铁器储存。

必须定期检查铬酸盐溶液的 pH 值,因为溶液中的一些铬酸盐会被还原,溶液可能会变成酸性。如果发生这种情况,必须加入额外的碱将重铬酸盐转化为铬酸盐,重建 9.0～9.5 的自然 pH 值。

铬酸盐溶液如果被摄入或吸入,毒性很大,极其危险。铬酸盐有很强的刺激性,某些铬酸盐与有机物接触后高度易燃。铬酸盐溶液会杀死有益细菌,不能排入城市下水道也不能自然排放。大多数城市都有关于如何处理含有 6 价铬溶液的规定,文保实验室必须遵守这些规定。如果不能妥善处理铬酸盐溶液,那就不要使用。

处理铬酸盐溶液的方法有数种。皮尔逊(Pearson 1972a:62)介绍了其中一种:将铬酸盐溶液用浓硫酸酸化至 pH 值为 4,加入焦亚硫酸钠直至溶液变成明亮的绿色,6 价铬还原为 3 价铬,然后用 40%氢氧化钠溶液中和并析出氢氧化铬,沉淀在底部,然后把溶液排入下水道,不溶的氢氧化铬作为化学废料进行处理。

使用 0.1 N 的重铬酸钾($K_2Cr_2O_7$)溶液与氢氧化钠长期保存铁器已经取得了优异的成果。从 16 世纪西班牙船只上获取的许多锻铁制品已经在这种溶液中储存了超过 3 年的时间,而且没有明显的腐蚀。当铬被还原时,必须通过加入氢氧化钠将 pH 值调整并保持在 9.0～9.5 的范围内。铬酸钠的效果也不错，而且比重铬酸钾便宜。

3）去离子水的使用

大多数文保文献都建议用蒸馏水或去离子水来制备文物保存溶液，除非待保护的材料比当地供水含有更多的氯化物。在这种情况下可以使用自来水，直到溶液的氯化物水平低于自来水。在处理时使用雨水作为自来水和去离子水之间的临时措施可以大大降低保护成本。如果要处理大量氯化物污染的材料，这种程序能节省大量资金。纯净的去离子水或蒸馏水一般呈微酸性，腐蚀性很强，绝不能用来储存金属制品。此外，当使用去离子水或蒸馏水冲洗或脱盐浸泡时，应将浸泡时间保持在最低限度，并采取充分的预防措施。

3. 去除凝结物

当海洋考古材料被送到文保实验室时，通常包裹着厚而致密的结壳。从凝结物中取出文物相当于从混凝土块中取出文物。由于大多数文物都是隐藏着的，所以 X 射线照片对于确定凝结物中的包含物以及作为提取包含物的引导是不可或缺的。给大块凝结物拍 X 射线照片时必须使用大型工业 X 射线机，例如 260 KVP 水冷式工业 X 射线机。对中小型的凝结物，不超过 1 m×1 m 的，可以拍摄完整的 X 射线照片，并可以分辨出大多数的包含物。一般需要从不同的侧面使用 X 射线进行扫描或绘制全图。在全图上，所有可识别的文物都能被描绘出来。任何用 X 射线检测不到的标本也能被描绘出来，并且能根据与凝结物的接触确定位置。全图上还能很方便地添加各种有用的符号，如目录号、样本条件等。

机械清理是去除凝结物唯一可行的选择。为了达到此目的，必须使用各种锤子和凿子，特别是处理大型结块时。沿着裂隙敲、凿，凝结物可以从大的物体上分离出来，并且对文物很少或没有损坏。然而提取较小的物件时，气动工具则更有效且破坏性更小。芝加哥气动焊剂风凿（Chicago pneumatic weld flux chisel）特别适合用来去除大量凝结物,提取大而不易碎的文物。芝加哥气动雕刻笔(Chicago pneumatic air scribe)更小、更便于精确掌控,该公司为实验室客户量身定制更精细的刻磨笔和各种凿子,可以在小而脆弱的物件上操作或进入受限区域清除凝结物。气动雕刻笔比任何类似的电刻或振冲工具都更耐用。气动风凿和气动雕刻笔通常需要组合使用,可以最有效地清理可移动部件,例如装载炮弹的膛室,铁环和火炮上的转轴等。

当对机械清理的程度有疑问时,不能确定金属的原始表面时,比较安全的做法是在金属表面留下薄薄的一层结壳。当文物电解时,金属表面逸出的氢气泡将使结壳变得松散并自动去除金属上的任何残留物质。虽然电解可以用来去除文物上的凝结物,但是如果辅以手动可以尽可能多地去除结壳,整个保护过程显著加快。

火炮炮管内的凝结物问题比较特殊。管钻比较理想,但是不同口径的炮管需要不同尺寸的管钻。管钻相当昂贵,对于许多实验室来说并不实际。建议使用锤子或凿子从膛口尽可能多地去除结垢,然后使用喷砂机去除凝结物。不时地用磨成凿子状的钢棒点敲,使凝结物表面变得粗糙,便于砂子更有效地工作。这种技术可能听起来很野蛮,但对大炮几乎不造成伤害,即使有也微乎其微。喷砂机实际上是穿透凝结物冲刷出一个孔而不接触金属。也就是说,孔的表面上总是留有一层结壳。如果有必要,可以用铁棒去除其余的结壳。一旦穿过炮膛的孔形成,就可以把炮放置在具有中心辅助阳极的电解槽中,钻孔中氢气的逸出将去除剩余的凝结物。这种方法在锻铁制的后膛套箍枪炮上的使用效果非常好,两端开口的枪、炮管更有利于清理。

使用酸通常是缓慢且无效的过程。酸,尤其是盐酸,会像结壳一样侵蚀金属氧化物,破坏性太大而不能考虑。即便成功,化学处理也会对物品间关联的记录、尺寸的测量以及从完全氧化的文物上翻模造成很多问题。

把包裹凝结物的铁制品置于电解池中,凝结物会从金属表面松开。法国人把这项技术称为"deganguing"(Montlucon 1986,1987),处理单独被包裹的文物相当有效,但是当凝结物内包含了也许能翻模并用环氧树脂重铸的受腐蚀文物时,这种方法是具有破坏性的。此外，文保人员必须记录凝结物中文物间的关联方式之类的信息。"deganguing"作为一种有效的方法，已经在不同程度上应用了多年，但在处理可能包含了许多文物的大型复杂凝结物时，应该审慎地使用。

4. 文物的初步评估

文物上的凝结物被去除后，必须冲洗并仔细检查，对其状况进行评估以确定最适合的保护处理方案。韦斯顿（Western 1972：83）把金属样本分为三大类，这种方法很有效。分类依据是重量/尺寸比、近距离目视检查、磁铁测试表面、牙科探针探查腐蚀层，偶尔使用 X 射线检查。这三大类分别如下所述：

（1）金属文物含有大量金属内芯，表面坚实，能够经受化学、电化学或电解还原而其形状或尺寸不发生显著变化。在大多数情况下，电解还原是首选的处理方法。

（2）金属文物腐蚀严重但保持着整体形状。仅有很少或没有金属残留，并且几乎没有整体支撑强度。大多数处理方法都会改变其原来的形状。推荐的方法是在倍半碳酸钠水溶液中脱盐，用如微晶蜡或其他人工合成的加固物固化文物，起到稳定的作用。

（3）金属文物被严重氧化且极其脆弱，只能加固。任何进一步的处理通常会导致其彻底崩解。根据金属制品本身铸件或者从天然凝结物结壳中取模制作复制品，通常是保存或复原文物的唯一手段。

只有做出这些评估之后，才能开始着手处理。

三、金属腐蚀

1. 铁器腐蚀

铁器是考古遗址中最常发现的金属器。由于腐蚀发生条件和环境的多样性，腐蚀产物类型亦繁多复杂，铁质文物是所有金属文物中最难处理的一类。铁腐蚀过程亦适用于其他金属，这使其成为金属器腐蚀研究的敲门砖。以下有关腐蚀过程的论述很大程度上参考了波特（Potter 1956）、埃文斯（Evans 1961）、普尔贝（Pourbaix 1966）、汉密尔顿（Hamilton 1976）、皮尔逊（Pearson 1978a）的研究。

1）电化学腐蚀

在电化学腐蚀中，当两种不同金属或同一金属上的不同区域通过电解质耦合时，会形成原电池（galvanic cell），发生电化学反应。就是说，在金属表面的不同部位，或者在两个不同金属体（同种或不同种材料）之间，阳极和阴极间会产生流动的电流，电化学腐蚀由此产生。铁的电化学氧化初始产物是亚铁离子。

陆地遗址出土的铁器由于暴露的环境中含有泥土和空气的水分，就会发生电化学过程从而产生腐蚀。海洋出水铁器的腐蚀过程与之类似，但由于海水中含盐量增加，海水更具腐蚀性，腐蚀速度也会大增。铁在海水中的腐蚀速度比在土壤中快 5 倍，比暴露在空气中快 10 倍（Cornet 1970：439）。

海水中的金属腐蚀是一个复杂的过程。就沉船打捞出水的金属而言，沉船本身就经常被形容为一个基于金属电动势序列的大型原电池（Peterson 1969：30，1972：244）。简单地讲，就是沉船上的所有金属都在电化学电池中与氢电极进行比较，其中氢电极的电极电位为 0。在原电池中，与氢相比有负电位的金属为负电极电位，与氢相比具有正电位的金属为正电极电位。通过测量金属的电动势（EMF，以伏特（V）为单位，即把金属浸没在只含有该金属盐的正常离子活性溶液中，当原电池达到平衡时该金属相对于氢电极的电位），将金属根据其相对的化学活性或电极电位排成电动势序列（见表 9.1），最不活泼的金属在序列的顶部，最活泼的在底部。电极电位越是为负，金属越活泼，原子就越容易失去电子成为溶液中的正离子。一旦金属离子进入溶液，不管其电极电位符号如何，金属本体总是带负电荷的。当两种金属形成电化学电池时，在电动势序列中还原电位更负的金属成为负极，它失去电子并形成正离子进入溶液。电池中电位较正的或更不活泼的金属形成正极并且被赋予正极保护,同时,负极金属在任何电化学反应中总是优先被腐蚀。

表 9.1　金属文物的电动势序列(20℃,pH＝0 的正常离子活性盐溶液中的标准还原电位)

电极	电极反应	电极电位*/V	
金(Au⁺,Au³⁺)	$Au^{3+}+3e \longrightarrow Au$	+1.50	—
银(Ag⁺)	$Ag^{+}+e \longrightarrow Ag$	+0.799	—
铜(Cu⁺)	$Cu^{+}+e \longrightarrow Cu$	—	+0.552
铜(Cu²⁺)	$Cu^{2+}+2e \longrightarrow Cu$	+0.337	—
氢(H⁺)	$2H^{+}+2e \longrightarrow H_2 \uparrow$	0.00	0.00
铅(Pb²⁺,Pb⁴⁺)	$Pb^{2+}+2e \longrightarrow Pb$	−0.126	—
锡(Sn²⁺,Sn⁴⁺)	$Sn^{2+}+2e \longrightarrow Sn$	−0.136	—
铁(Fe²⁺)	$Fe^{2+}+2e \longrightarrow Fe$	−0.440	−0.409
铁(Fe³⁺)	$Fe^{3+}+3e \longrightarrow Fe$	—	−0.036
锌(Zn²⁺)	$Zn^{2+}+2e \longrightarrow Zn$	−0.763	—

＊电极电位的左栏来自埃文斯(Evans 1963:衬页),右栏来自亨斯伯格(Hunsberger 1974:D120 - 125)

　　大型原电池的比喻和金属的电动势序位作为海洋沉船上不同金属腐蚀的一般解释,已经被过度使用却没有被完全理解。与海洋沉船相关的大量不同金属可能会构成数千个独立的原电池,每个电池都由两种具有不同电极电位的金属形成。金属必须非常接近或彼此接触才能形成原电池。这必然使能形成电偶的金属被限制在单个凝结物中。即便如此,各种变量,诸如电解质的导电率、腐蚀性离子浓度和质量传输等,都可能改变或干扰预期的理论或实验室数值。

　　任何金属表面几乎肯定都含有惰性金属杂质,百分之百纯净的金属体是非常罕见的,因此海水或自来水中的金属无须与更稳定的惰性金属接触就会被腐蚀。金属表面的氧化层对金属而言为正极,在电解质存在的状况下就是阳极,两者之间的金属耦合可以形成许多原电池。电化学电池在机械应力(如凹痕或弯曲)区域的化学均质金属上也会形成,并沿着应力线集中腐蚀。在沉船遗址中,应力腐蚀(stress corrosion)是影响特定铁器腐蚀和劣化的一个非常重要的因素。例如,在船只失事和下沉过程中发生弯曲的铁质固定构件，将首先在弯曲处腐蚀成残渣，然而其端部的金属则保存完好。

即便是没有氧化层或应力区的纯金属，若浸入含有微量惰性金属盐的溶液，例如海水中，也能在金属表面形成局部电池，从而发生腐蚀（Potter 1956：238；Leigh 1973：20）。此外，金属表面的氧浓度差、温度和 pH 值都可能会导致腐蚀。

埋于地下的出土铁器，点蚀（pitting）是其腐蚀过程的一个突出特征。在厌氧环境中易发生化学反应，生成可溶性亚铁离子，并离散到铁器表面一定距离处。当铁被埋在有氧土壤或暴露于空气中时，腐蚀过程中最初形成的亚铁离子继续氧化成三价铁离子，在金属表面形成氧化铁层。由于亚铁和铁的腐蚀产物与金属之间热膨胀系数的差异，氧化铁垢层可能碎裂和剥落。或者，腐蚀产物也可以通过形成保护膜来抑制额外的腐蚀。氧化产物比原始金属的体积大，而且通常具有明显的氧化铁层。如果有氯化钠等盐类存在于环境中，就会形成极易导电的溶液，从而加速电化学腐蚀。

很多文献都详细论述了金属的电化学腐蚀。就铁而言，已有的研究表明在电化学电池中，铁与惰性金属（如铜或银）或与另一块铁甚至同一铁器的不同部位之间会形成金属耦合，其负极和正极的反应是相同的（Potter 1956：236 - 237；Evans 1963：28）。在惰性金属（正极）的表面，会发生以下反应：

$$2H_2O + 2e \longrightarrow H_2 + 2(OH)^-$$

氢氧根与溶液中的钠离子结合形成氢氧化钠作为正极产物：

$$Na^+ + OH^- \longrightarrow NaOH$$

在负极，反应生成亚铁离子：

$$Fe - 2e \longrightarrow Fe^{2+}$$

随后，又与盐水中的氯化物组合，形成负极产物氯化亚铁：

$$Fe^{2+} + 2Cl^- \longrightarrow FeCl_2$$

当暴露于空气中或溶液中含氧时,氯化亚铁氧化成氯化铁和氧化铁。氯化亚铁和氯化铁易溶于水,与正极产品氢氧化钠结合生成氢氧化亚铁:

$$FeCl_2 + 2NaOH \longrightarrow Fe(OH)_2 \downarrow + 2NaCl$$

在含氧溶液中,二次反应将氢氧化亚铁氧化成三价铁。当中性或弱碱性溶液中含有氢氧根离子时,水合氢氧化铁(任何形式的含水氧化铁,即普通锈)会在电池电极上或周围沉淀。如波特(Potter 1956:236)所述,有氧存在时铁负极处的反应顺序是:

生成亚铁离子 $\qquad\qquad$ $Fe - 2e \longrightarrow Fe^{2+}$

生成氢氧化亚铁 $\qquad\qquad$ $Fe^{2+} + 2OH^- \longrightarrow Fe(OH)_2 \downarrow$

生成水合氧化铁(红褐色铁锈) $4Fe(OH)_2 + O_2 \longrightarrow 2H_2O + 2Fe_2O_3 \cdot H_2O$

在铁的电化学腐蚀中,负极反应主要是生成亚铁离子。然后,亚铁离子化合物在厌氧环境中被氧化变成三价铁,形成氢氧化铁之前的中间氧化产物,如水合磁铁(hydrated magnetite,即水合四氧化三铁)和黑色磁铁(black magnetite,即黑色四氧化三铁)(Potter 1956:236-237;Evans 1963:28-29,75):

$$6Fe(OH)_2 + O_2 \longrightarrow 4H_2O + 2Fe_3O_4 \cdot H_2O(水合四氧化三铁)$$

$$Fe_3O_4 \cdot H_2O \longrightarrow H_2O + Fe_3O_4(黑色四氧化三铁)$$

在不同环境下,铁的腐蚀产物可以呈现出多种不同状态的电离和水合,以及各种物理形态。海洋出水的铁,其腐蚀物通常有水合氧化铁(普通铁锈),它能抑制在金属表面形成氢氧化亚铁的氧供应。铁的层叠腐蚀层(laminated corrosion layers)由内层的黑色磁铁锈层,薄层水合磁铁绿锈层以及外层的水合氧化铁锈层构成:

$$Fe_3O_4/2Fe_3O_4 \cdot H_2O \text{ 或 } 2Fe_2O_3 \cdot H_2O$$

同一金属制品的两个不同区域变为阳极和阴极,从而形成电解池(electrolytic cell)的过程也很容易理解。电子从阳极区流至阴极区,通过在阳极区形成可溶性阳离子而使金属腐蚀。金属表面有数百万个这样的电解池持续发生大量氧化反应,直至平衡。腐蚀过程在电解池达到平衡时停止,但可以在铁器不同的阴阳极区持续反应,直到大部分金属被氧化。

随着金属在盐水中腐蚀,局部 pH 值会发生变化,这会破坏溶解在海水中的碳酸钙和二氧化碳之间的平衡(Leigh 1973:205),生成不溶的碳酸钙和氢氧化镁沉淀物。这些沉淀物与沙子、海洋生物和腐蚀产物(尤其是氢氧化亚铁、硫化亚铁和四氧化三铁)混合,在金属周围形成坚硬致密的凝结物或结壳。结壳堆积在金属的原始表面,形成包裹着金属的完美外壳。而且,它实际上还把最初彼此接触的两件金属体隔离开来。这种结壳有效地使金属彼此隔绝,并通过切断电流和/或氧气供应来破坏电化学电池。事实上,沉船出水金属器很少有可以直接接触的。

2) 厌氧腐蚀

尽管腐蚀过程因凝结物的形成而受阻,但由于硫酸盐还原菌的存在,金属劣化仍在继续。这些细菌对金属尤其是海水中铁的腐蚀起着重要作用。它们也对淡水以及埋在土里厌氧环境下的金属产生不利影响(Evans 1963:224;Pearson 1972a:35;Leigh 1973:205)。英格兰积水黏土中的钢铁管道之所以会快速腐蚀,绝大部分归因于硫酸盐还原菌作用(Farrer et al. 1953:80)。盐水中高达 60% 的铁腐蚀可归因于细菌作用(Pearson 1972a:35)。

硫酸盐还原菌,特别是被称为 Sporovibrio desulphuricans(Pearson 1972a:35)和 Desulphovibrio desulphuricans(Farrer et al. 1953:82)的菌株,在海水、淡水和浸水土壤中很常见,环境中腐烂的有机物消耗氧气并创造了局部厌氧环境。

海水中含有大量的硫酸盐,在有氧条件下,细菌利用氢气把硫酸盐(SO_4^{2-})还原为硫化物(S^{2-})而成为代谢副产物,反应如下:

$$H_2SO_4 + 4H_2 \longrightarrow H_2S + 4H_2O$$

在这个过程中,作为阴极产物积聚在铁上的氢使阴极在无氧环境中极化。阴极的极化通常会阻止电化学腐蚀过程。然而,氢在细菌代谢中的应用使电池的阴极区去极化,从而使腐蚀得以继续。此外,硫化氢作为代谢副产物不仅与铁反应,而且与所有的金属文物(金除外)反应并加速腐蚀过程。硫化氢与阳极区的亚铁离子反应,生成硫化亚铁和氢氧化亚铁,这是出水铁器上两种主要的铁腐蚀化合物(Leigh 1973:205)。铁的腐蚀过程如下:

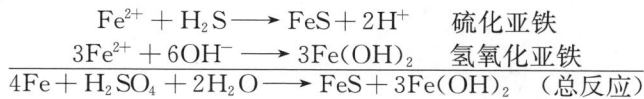

$$
\begin{array}{ll}
Fe^{2+} + H_2S \longrightarrow FeS + 2H^+ & \text{硫化亚铁} \\
\underline{3Fe^{2+} + 6OH^- \longrightarrow 3Fe(OH)_2} & \text{氢氧化亚铁} \\
4Fe + H_2SO_4 + 2H_2O \longrightarrow FeS + 3Fe(OH)_2 & \text{(总反应)}
\end{array}
$$

硫酸盐还原菌的生命周期刺激了电化学腐蚀过程中的阴极和阳极反应。不过在一些情况下,形成连续的硫化铁膜或层的沉淀可能会遏制而不是刺激阳极反应(Evans 1963:225)。如果没有硫酸盐还原菌,铁和其他金属在厌氧环境中的腐蚀就将被抑制。

很明显,与金属直接接触的木材会对大多数金属产生不利影响。因为木材腐烂会消耗氧气形成厌氧环境,刺激硫酸盐还原菌的代谢反应。木材还为细菌提供营养。这种腐蚀反应在与木材直接接触的铁、银和铅制品上最为明显。

四、铁合金腐蚀

铁与低碳钢、锻铁和许多低合金钢的腐蚀过程相似(Evans 1963:93)。即铸铁的氧化过程也类似,包括硫酸盐还原菌的参与。不仅如此,当铸铁浸没在盐水中时,还会经历一个称为石墨化(graphitization)的腐蚀过程(Patoharju 1964:

316,1973：3；Pearson 1972a：10）。在该反应中，盐水在铁的阳极珠光体和阴极石墨薄片之间传导电流，形成原电池。珠光体发生腐蚀，留下一个填充了铁腐蚀产物的多孔石墨框架。这种石墨框架可以保持物体的原始形状，外观几乎没有变化，但密度和机械强度却大为降低。这个过程持续进行，直至大部分金属铁在石墨框架内被腐蚀。最终，石墨框架将变得不能支撑物体，导致物体变形。

五、小　结

尽管可以在理论上很好地掌握水环境中铁的腐蚀过程，但是实际上的反应很复杂并且会受许多不可预测的变量的影响。不过，大部分腐蚀产物还是可以相当准确地预测。这些知识虽然不能取代分析测试，但通常来讲足以确定使用哪种方法保护来源明确的金属器更为合理。

最常见的铁的腐蚀产物为

$Fe(OH)_2$	氢氧化亚铁
$FeO(OH)$	氢氧化氧铁
$FeCl_2$	无水氯化亚铁
$FeCl_2 \cdot H_2O$	水合氯化亚铁
FeS	硫化亚铁
Fe_3O_4 或 $FeO\,Fe_2O_3$	氧化铁（四氧化三铁）或氧化亚铁
$2Fe_3O_4 \cdot H_2O$	水合四氧化三铁
$2Fe_2O_3 \cdot 3H_2O$	水合三氧化二铁（普通铁锈）
Fe_2O_3	三氧化二铁
$FeCl_3$	无水氯化铁
$FeCl_3 \cdot xH_2O$	水合氯化铁

沉船出水金属器中,最常见的铁腐蚀产物是硫化亚铁、四氧化三铁、氢氧化亚铁和氯化铁。许多铁器会完全转化为硫化亚铁,在凝结物形成的天然外壳中仅剩下一团松散的浆泥。一些铁器会完全矿化为大块的氧化物,如磁铁矿(四氧化三铁),但保留其结构的完整性和表面细节,另一些则可能完全降解为疏松的颗粒状氧化物。上述每种情况中都不同程度地含有硫化铁。另外,氯化铁也是所有铁腐蚀产物的组成成分。暴露于海水中和地下埋藏铁质凝结物的主要区别是:陆地铁质凝结物内四氧化三铁磁铁矿很普遍,而海洋凝结物中的氢氧化氧铁和氧化铁较为常见(North,MacLeod 1987:78),尤其是在珊瑚礁之类的高能带。

一旦铁器脱离其海洋环境,除非采取必要的预防措施,否则腐蚀过程将会继续,甚至是加速。必须将铁器妥当地储存在缓蚀溶液中防止进一步腐蚀。如果凝结物中的铁暴露于空气或非缓蚀溶液中,那么亚铁化合物可以氧化成三价铁化合物,体积膨胀并从表面剥落。在这个过程中,文物会变形并最终损毁。保护腐蚀产物为二价亚铁的铁器比保护腐蚀产物为三价铁的铁器要好得多,无一例外。应采取一切预防措施,通过适当的储存和处理来防止亚铁腐蚀产物氧化成三价铁腐蚀物。

海洋环境铁器出水后最大的威胁来自氯化铁。形成氯化亚铁的反应为 $Fe^{2+} + 2Cl^- \longrightarrow FeCl_2$,接下来,又被氧化为氯化铁和三氧化二铁:$6FeCl_2 + 3O_2 \rightarrow 2FeCl_3 + 2Fe_2O_3$。这是两个简单粗略的反应,而埃里克森和黑格尔(Eriksen,Thegel 1966:90)提出的反应 $Fe + 2NaCl + 2H_2O \longrightarrow FeCl_2 + 2NaOH + H_2\uparrow$ 在热力学方面不可行。不管确切的方程式如何,氯化亚铁和氯化铁都会与水结合形成水合物 $FeCl_2 \cdot xH_2O$ 和 $FeCl_3 \cdot xH_2O$,这里的 x 通常为 2、4 或 6。正是这些水合氯化物会造成问题。当暴露于水分和氧气时,它们水解形成氧化铁或氢氧化铁和盐酸。盐酸又将剩余的未腐蚀金属氧化为氯化亚铁和氢气,或氯化铁和水。以简化的形式来看,下述部分反应或者全部都有可能持续进行,直到所有金属都被腐蚀掉。

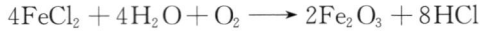

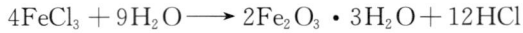

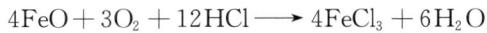

$$Fe - 2e \longrightarrow Fe^{2+}$$

$$Fe^{2+} + 2Cl^- \longrightarrow FeCl_2$$

$$4FeCl_2 + 4H_2O + O_2 \longrightarrow 2Fe_2O_3 + 8HCl$$

$$4FeCl_2 + 7H_2O + O_2 \longrightarrow 2Fe_2O_3 \cdot 3H_2O + 8HCl$$

$$2FeCl_3 + 3H_2O \longrightarrow Fe_2O_3 + 6HCl$$

$$4FeCl_3 + 9H_2O \longrightarrow 2Fe_2O_3 \cdot 3H_2O + 12HCl$$

$$FeO + 2HCl \longrightarrow FeCl_2 + H_2 \uparrow$$

$$4FeO + 3O_2 + 12HCl \longrightarrow 4FeCl_3 + 6H_2O$$

上述腐蚀产物中,可以通过电解还原 $Fe(OH)_2$、$FeCl_2$、FeS 和 Fe_3O_4 中的部分氧化亚铁。在水溶液中不可能还原铁氧化物。这个问题将在"铁器的保护"一章的电极电位(electrode potential)部分做进一步讨论。

以上简单地讨论了金属腐蚀,介绍了海洋出水金属上最常见的腐蚀产物。格滕斯(Gettens 1963,1964)的早期论文中讨论了不同金属的主要腐蚀产物,诺思和麦克劳德(North,MacLeod 1987)的论文也有论及海洋铁器腐蚀。

第十章

铁器的保护（一） 综述和设备

一、铁器保护综述

如前文所述，铁器的初步评估决定了清理方法。只有在评估后，才能采取适当的保护措施。铁器的保护处理方法可以分为五大类。

（1）电化学清理：电偶清理和电解还原清理。

（2）碱性亚硫酸盐处理。

（3）化学清理。

（4）热处理。

（5）碱性溶液中的扩散。

如前文所述，金属腐蚀是电化学反应，因此电化学和电解还原清理是中止、稳定，甚至逆转金属氧化过程的最常用技术。在文物保护领域，一般会把电化学清理和电解清理区分开来。电化学反应的原理是两种金属在没有外加电势（EMF）时电位序不同，因此这种清理过程也称为电偶清理。电解还原（也称为电解）是通过外加电势或电流维持的电化学反应。这两种过程的基本信息请见普伦德莱思（Plenderleith 1956）、普伦德莱思和托拉卡（Plenderleith，Torraca 1968）、普伦德莱思和沃纳（Plenderleith，Werner 1971）的论著。汉密尔顿（Hamilton 1976：30 - 49）和诺思（North 1987：223 - 227）详细地讨论了电解还原清理法。

1. 电偶清理

长期以来，普遍认为电偶清理可以有效地保护沉船文物。两篇水下考古的高被引论文中只推荐这种技术（Peterson 1969：83 - 84；Marx 1971：125）。然而，对于被氯化物严重污染的海洋出水铁器而言，电偶清理并不是很好的选择。即便是没有氯化物污染问题的陆地出土金属制品，电偶清理也不是最理想的方案。

只有当文物中存在大量金属内芯时，电偶清理的方法才有效。在大多数情况下，只有在清理少量小型文物并且无法提供电解清理设备时，才会推荐这种方法。最好把电偶清理看作是一项过时的技术，仅能有限地使用。不过有些实验室也会用到这种方法，所以这里简要地讨论一下它的优点和缺点。

当进行电偶清理时，铁器放置在盛有电解液的水槽中，用更活泼的阳极金属（如锌或铝）包裹铁器。在这个过程中，铁器表面新生的氢气成为还原剂，通过反应去除氯化物，留下被还原的金属。为了使电偶清理有效，必须控制好铁器的电极电位。在电偶清理中，电极电位由阳极金属和铁之间的耦合以及电解液决定，然而铁器的电极电位一旦建立便不受操控。

最简单的电偶清理法是用铝箔松散地包裹住器物，并将其放置在盛有 10% 氢氧化钠溶液或 10%～20% 碳酸钠即纯碱溶液（Na_2CO_3）的玻璃容器中。诺埃尔·休谟（Noël Hume 1969：283）建议使用小苏打（碳酸氢钠，$NaHCO_3$）作为电解液，但是得克萨斯农工大学保护研究实验室的测试表明，小苏打作为电解质在电偶清理时效果不佳。铁器放置在氢氧化钠溶液中直至铝箔完全氧化。加热溶液可以加速反应。然后冲洗文物，并重复该过程，直到获得满意的结果。只有体积小、腐蚀程度轻的铁器才能使用这种方法。

最常用的电偶处理方法与上述方法的区别仅在于，覆盖铁器表面的是颗粒状的锌或铝，并使用 10%～20% 的氢氧化钠溶液（Plenderleith，Torraca 1968：241；Plenderleith，Werner 1971：194 - 197）。将溶液在金属锅或耐热玻璃器皿中加热至沸腾，用蒸馏水调整溶液浓度。清理过程持续进行直至电解质耗尽锌的活性。

用新的锌和氢氧化钠重复这一过程，直至所有材料被还原，氯化物完全去除。如果文物上残留较多的氯化物，那么将来势必会再次发生腐蚀。

这个过程需要加热容器的设备和完备的通风系统（如通风柜）以排出腐蚀性蒸气。在还原过程中，氢氧化钠溶液必须定期更换，并且氧化过程会损失大量的锌。剩余的锌由于表面会覆盖氯化物和碳酸盐的沉积膜，从而导致活性显著降低。为了使锌恢复活性，必须用稀盐酸溶液清洗，用蒸馏水冲洗，然后干燥（Plenderleith，Werner 1971：196）。也可以将锌在还原焰下融化，把熔融的锌缓慢滴入水中重新制成锌粒（Organ 1973：193）。每次回收锌时，熔渣的形成都会减少锌量。

对于含有大量含氯腐蚀产物的铁器或者任何其他金属而言，电偶清理没有实际作用。铝箔或锌粒遮盖铁器，文保人员无法监测保护进展。即便是在理想的条件下，也需要全程持续监督，非常麻烦。产生的气体对皮肤、眼睛和喉咙有刺激性。此外，通常很难同时保证足够的通风和热量。大件的铁器，尤其是被氯化物污染的铁器，需要很长的处理时间，必须不断清洗和补充巨量的锌。

几乎所有金属制品，只有在没有电解还原设备时才能考虑使用电偶清理。即便如此，对于大多数铁器来说，这也是在浪费时间，尤其是大型铁器。诺埃尔·休谟（Noël Hume 1969：276）反复强调："有人对业余爱好者说这是一种在厨房炉灶上就可以完成的简单方法，建议你们忘掉这条建议。"

2. 电解还原清理

电解还原清理是保护金属文物最有效的方法之一。电解装置性价比极高，且易于安装和维护。清理时可以选择专门生成氢气的机械清理，或专门还原金属的过程或是两者结合。然而，高效地电解还原不仅仅是把金属电解，文保人员还必须了解腐蚀过程和电化学热力学知识，熟悉电极电位和 pH 值，知道这些变量与电极腐蚀、钝化与耐蚀之间的关系。这些因素在处理腐蚀金属的氯化物时特别重要。新手并非不能获得令人满意的结果,而是知识和经验有利于文保人员理解并更好地控制电解池里的反应,及时纠错。

电解还原清理的核心是电解池,将待处理的文物作为阴极。电解池包含了两个电极(阳极和阴极),注入适宜的导电溶液即电解质,通过施加外部直流电以引起氧化和还原反应。当电流通过电解池时,电子、带负电荷的离子或胶体粒子会向阳极移动。阳极处发生氧化反应并放出氧气。带正电荷的金属离子会向阴极移动。阴极处发生还原反应并放出氢气。在还原过程中,文物表面化合物中一些带正电荷的金属离子在原位被还原成金属态。同时,氯化物和其他阴离子从文物中析出,并通过电解吸引它们向带正电的阳极移动。

电解还原的主要优点是可以控制外加电势(EMF)或电流密度。文保人员能选择低密度电流,产生有助于加固和/或还原某些矿化金属的预设电极电位。当文物内部还有金属芯时,理论上可以通过电解还原把足够的铁腐蚀产物还原成金属态。这既能固化腐蚀层,又能去除化合物中的氯化物。文保人员也可以选择高电流密度,释放出的氢气将会机械清除所有完全氧化的外壳。

使用电解还原清理时,要考虑的因素是设备和实验变量。

1)设备

(1)电源。

(2)终端电线和夹子。

(3)阳极材料。

(4)氯化物监测。

(5)电解槽。

2)实验变量

(1)电解装置的类型。

(2)电解液。

(3)电流密度。

（4）电极电位。

二、铁器保护设备

1. 直流电源

用于电解还原的直流电源范围要宽泛。一个设备齐全的实验室应配备若干不同电流容量的电源，每个电源都应能连续工作。电源一般可分为四种电流范围，能够清理小至钉子、大到火炮或锚等任何尺寸的文物。

大多数小型直流电源输出电流的波动要小于 0.1%。较大型的电源有 0.5% 的电流波动或更多。为了更好地控制还原，建议使用低波动电源，这样不会损伤文物。电源的选择取决于期望的电流密度控制、文物的大小以及文物的数量。电流控制和电流表可以帮助确定电流并随着处理的进展调节电流。在电解期间，电流随着金属的还原，文物和电解液的电阻减小会增加。电解液中的电阻（IR）减小是由于氯化物和其他离子的增加，这是电流增加的主要原因，金属制品本身电阻减小的影响则较微弱。因此，若要以固定的电流密度或预定电极电位电解还原物体，就需要进行相应的调整。

由于稳压电源电费成本问题，很多实验室拥有自己的供电设备。福利（Foley 1967）和奥根（Organ 1968：291 - 308）指导过如何设置廉价的电源供应或者采用电池充电器。然而，电池充电器的设计并非用于连续运行的电解清理。如果用电池充电器电解，需要拆除计时器、继电器和充电率装置。由于清理文物的电解池缺少电池的电阻，并且电池充电器通常不具备必要的内部电阻控制加以补偿，因此充电器运行时会远高于最大安全操作电流，必须在电路上增加额外的电阻以防止电路过热。交流电输入线路上的可变自耦变压器（如 Powerstats）、直流电输出负端上的可变电阻或线路电阻都是很好的选择。任何具备基本电路知识的人都可以改装大多数直流电池充电器，用于金属制品的电解清理。

2. 终端电线和夹子

对于大多数文物而言,可以使用美国国家电气规范标准 16 AWG、双股、最大额定电压 300 V 的绝缘铜线制成的端子线。这种电线是标准的双股多芯线,相当柔韧,易于使用,在很多电器上都能见到。一股连接负极,另一股连接正极,若是需要较大尺寸的导线,它们可以在接线端拧成一股,形成单极连接。对于需要更大电流的大型器物而言,则必须使用 2 号~0 号的 AWG 多芯电线。在所有情况下都推荐使用多芯铜导线,电流容量更大,比同等大小的实心线更灵活、更容易操作。在使用任何电线前,需先检查电线的电流量,如有疑问请咨询电工。在电解过程中,电线不应该变热,如果电线变热,就说明该电线的电流容量不够。

建议使用钢制鳄鱼夹(又称穆勒夹,Mueller clips)将端线连接到文物和阳极上,端线上尺寸合适的夹子便于在电解池中安装和拆除器物。夹子有各种形状和大小。夹子的尺寸取决于要使用的电流、文物的尺寸和接触位置。穆勒夹最常用的尺寸是 25 号、27 号、48 号和 85 号,应常备库存。钢夹通常会镀镉或镀锌,在使用前应在稀盐酸溶液中快速清洗去除镀层(如果在酸溶液中停留的时间过长,调制钢的弹簧会变弱,并在下压时断裂)。去除镉/锌涂层是为了防止这些金属从阳极夹被镀到金属制品上。出于同样的原因,也不能使用铜夹。正极端的铜夹和附着在阳极夹子上的裸露铜线一样,当被浸没在电解液中,最终会发生阳极溶解,并被镀到阴极上。为了防止阳极溶解,暴露在电解液中的任何铜线均应包覆丙烯酸、聚乙酸乙烯酯或硅橡胶外层。

3. 阳极材料

就铁器的电解清理而言,半英寸开口的 16 号延展低碳钢丝网是较廉价且有效的阳极材料。这种钢丝网易于切割,相对灵活,容易贴附在文物周围,又不影响对文物的观察；既不妨碍电解液的自由循环，也不会困住任何气体。低碳钢板、哪怕是从低碳钢桶上切割下来的板材，都可以用来作为有效又便宜的阳极材料，但是板材的刚性很难在文物周围拗出合适的形状。特制低碳钢桶，甚至是 55 gal[①]钢桶，都可以作为电解槽，同时用作阳极材料。不过当需要贴服的阳极时，只有延展低碳钢丝网既经济又好用。

低碳钢阳极十分耐用。只要低碳钢阳极表面保持足够的碱性 pH 值（最低为8.5），就不易受氯化物腐蚀的影响，甚至比不锈钢更耐用。保持这种碱度需要循环电解液。低碳钢通常作为氢氧电池的电极。

有人说不锈钢是优质的阳极，因为其相对惰性不太需要更换所以备受推崇。然而并非所有的不锈钢都能成为合适的阳极材料。必须选择铬和镍或钛含量高的不锈钢。建议使用由 16%～18% 的铬、10%～14% 的镍和 2%～3% 的钼组成的 316 不锈钢。只有 316 不锈钢能抗氯化物腐蚀，是很好的碱性电解液低碳钢阳极的替代品。

大型文物不常使用不锈钢作为阳极材料，一方面是不锈钢的成本较高，另一方面是切割不锈钢并改造得适合处理单个文物也不太切合实际。不锈钢作为阳极最实用的方法是作为某些电解设备的替代方案，批量处理文物。

只要电解液中的氢氧根离子浓度保持在较高水平，低碳钢阳极就比不锈钢阳极更高效。无论阳极材料是什么，在氯化物积累到一定程度前更换电解液都更简单和经济。氯化物会改变阳极处的 pH 值和电极电位，破坏阳极的钝化并使其发生溶解，一旦出现这种情况，就只能更换阳极。

4. 电解槽

各式各样的容器都可以作为电解装置。应用得较广泛的是各种耐腐蚀、耐酸

---

① 1 gal = 3.785 411 784 L。——编注

的塑料,如聚氯乙烯(PVC)、聚丙烯(PP)和聚乙烯(PE)等制成的不导电容器。PVC塑料管末段密封后适用于处理适合细、长型器物如枪管等。应避免使用玻璃纤维增强塑料(玻璃钢),除非是耐碱的。玻璃容器和木桶或内衬PVC塑料片的篮筐(必须注意塑料不能有破损或穿孔)一样,都可以作为电解装置。

除了不导电的容器,电解清理时也常用导电的低碳钢容器。金属容器可以充当部分或全部阳极,并可以替换下述任何电解装置。相较于塑料容器,金属容器特有的优点是可以在里面进行保护过程的所有阶段。这对于特大型的文物特别有利,因为在电解、清洗/干燥和浸蜡时使用不同的容器很不经济。

低碳钢可以制成各种规格的容器,耐用且适用范围广泛。实验室里要采用符合强度要求,重量又不超出实验室搬运、处理能力的规格。一个普通的咖啡罐就可以作为容器和阳极,对小件文物来说,既简单又有效。55 gal低碳钢大桶,纵切或对半切后是现成的廉价容器,可用于任何提到过的装置方案,结合辅助阳极以确保电流分布更均匀。焊接的低碳钢容器制作起来很便宜,而且能用好多年。对于特大型的文物,例如锚等,建议使用两件5 m长的低碳钢桶。这种T形容器由两个部件组成,即主干和十字,每个部件都在一端开口。连接使用时,锚顶部表面附近安装膨胀低碳钢薄片作为辅助阳极,能更好地分配电流。分开的话,这两个桶可以用来清理各种大型铁器。

当导电的低碳钢容器发生腐蚀时,会最先出现在金属焊接线和弯曲处等应力点,因此诺思(North 1987:225)不鼓励使用低碳钢容器作为阳极。如果金属容器没有连接成为阳极,那么就不会发生阳极钝化,这在某种程度上可以为金属提供一些保护,但是只要氯离子存在就会发生腐蚀。此外,如果作为阳极的低碳钢容器在10年内完全腐蚀,就很容易出现多次更换,但依然比不锈钢或塑料制品更经济,所以大多数负责处理海洋遗址出水大型铁器的文保人员都没有采用诺思的建议。

必须注意确保金属阳极容器在电解过程中保持钝性,否则金属会发生阳极溶解并形成难以修复的穿孔。有时很难在高浓度氯离子存在的情况下使用低电流密度电解。然而,使用5%氢氧化钠电解液直到氯化物水平下降或电流密度可以增加以保持阳极钝性,就能解决大多数难题。这个问题将在本节后面部分详细讨论。

使用金属桶作为容器和阳极时,文保人员应该注意一些安全问题。电解清理时使用的大多数直流电源在 $6\sim12$ V 或 $24\sim32$ V、$0\sim50$ A 或 $0\sim200$ A 的范围内,但通常在电解清理过程中使用的实际电压不超过 6 V,在这种电压下使用金属容器几乎没有人身危险。一般来说,低于 32 V 的电压对人体是无害的。但是,要注意避免高压电源短路。

5. 氯化物监测

在保护海洋环境出水金属制品时,电解液的氯化物浓度监测对电解还原的效率和成功至关重要。有若干种定量监测氯化物浓度的方法。本书推荐使用硝酸汞滴定法,因为这种方法简单易行、成本低。

硝酸汞试验是一种测定水溶液中 Cl^- 或 NaCl 百万分率[①]的定量方法。这种方法快速、简单,测定结果精确、误差小。以下的试验程序是由弗曼(Furman 1962:331 - 332)的方法修订而来。

设备:

(1) 25 mL 的自动滴定管 1 个。

(2) 琥珀色小滴瓶 2 个。

(3) 500 mL 的琥珀色烧瓶 1 个。

(4) 250 mL 的烧杯 1 个。

(5) 磁力搅拌器 1 个。

---

① 原文如此,本书按行业习惯仍保留 ppm 的表示法来表示浓度,1 ppm $= 10^{-6}$。——编注

（6）特氟隆（聚四氟乙烯）涂层搅拌棒若干。

化学药品：

（1）二苯卡巴腙-溴酚蓝混合指示剂。

（2）0.02 N[①] 硝酸汞溶液。

（3）硫酸。

将二苯卡巴腙-溴酚蓝混合指示剂和硫酸转移到琥珀色滴瓶中。硝酸汞应储存在琥珀色烧瓶中，用时再插入滴管。

步骤：

（1）取 20 mL 待测试的电解液或溶液作为样品，放入玻璃烧杯中。

（2）将烧杯放在磁力搅拌器上，并在烧杯中放入特氟隆搅拌棒。

（3）调节搅拌器，直至液体旋转呈现稳定的漩涡。

（4）加入 5 滴二苯卡巴腙-溴酚蓝混合指示剂。溶液的颜色将变为蓝色。

（5）向溶液中滴入硫酸（所用硫酸的当量浓度一般对于氢氧化钠电解液为 18 N，对于碳酸钠电解液为 9 N，对于水溶液为 4.5 N）直至达到酸的滴定终点。溶液由蓝色变为透明，即达到滴定终点（不需要测量硫酸的量，因为它只是为了酸化下一个步骤的样品）。

（6）滴定 0.02 N 的硝酸汞，将其逐滴从自动滴定管滴入烧杯中，直至溶液达到紫色滴定点。此时溶液颜色逐渐由透明变为紫色。临近滴定点时，每一滴都会呈现出一个瞬间的颜色变化。继续滴入，直到每一滴都会在溶液中形成一个紫色的漩涡。注意：滴定的灵敏度可以通过减小硝酸汞溶液浓度来增加，或增大硝酸汞溶液浓度来减小。

（7）记录达到滴定点时硝酸汞的用量。

---

① N 为当量浓度的单位，原文如此，当量浓度是指溶液的浓度用 1 升溶液中所含溶质的克当量数来表示的浓度。——编注

氯离子或氯化钠百万分率的浓度计算方法如下：

$$\frac{T \times N \times 0.035\,45 \times 1\,000\,000}{20} = T \times N \times 1\,772.5 = ppm\ Cl^-$$

$$\frac{T \times N \times 0.058\,46 \times 1\,000\,000}{20} = T \times N \times 2\,923 = ppm\ NaCl$$

式中：T 为硝酸汞的滴定量；N 为硝酸汞的当量浓度。

为了便于计算氯离子浓度，可以将上述计算公式做成转换表，如表 10.1 所示。

表 10.1　浓度转换表

硝酸汞滴定量/N	ppm Cl⁻	ppm NaCl
0.1	3.5	5.8
0.2	7.0	11.7
0.3	10.6	17.5
0.4	14.0	23.4
1.0	35.0	58.5
10.0	350.0	585.0
...	...	...

通过硝酸汞试验可以计算出电解液中 Cl^- 或 NaCl 的总量。但是，未使用过的电解液中本来就含有一定量的氯离子，为了确定文物中析出的氯离子的量，还必须确定电解液样本中原有的氯离子含量，然后把电解池中测得的氯离子含量减去电解液原有的含量。例如，如果取自活性电解池的样品中含有 24.5 ppm 的 Cl^-，而未使用的相同电解液样本中含有 17.5 ppm 的 Cl^-，那么电解池中物品所析出的氯化物的量就是 7.0 ppm。

硝酸汞试验的评述

在整个过程中，玻璃器皿必须保持清洁无污染。为了防止交叉污染，每份电解液样品都需使用干净的烧杯和搅拌棒，或者彻底清洗烧杯和搅拌棒后用去离子水冲洗。搅拌棒上的紫色硝酸汞污渍可以通过浸泡在稀硝酸溶液中去除。

关于氯化物的测试程序，另有两点需要注意。首先，二苯卡巴腙-溴酚蓝的滴定点在某种程度上是主观的，但大多数人对滴定点的判断始终一致；其次，只有负责监测电解液不变时，才能获得最可靠且一致的结果。为了进一步确保氯化物监测的一致性，应每周用已知浓度的氯化钠溶液测试试剂。

用于氯化物测试的各种浓度的化学药品都可以从化学药品供应商那里购买。但是如果化学药品能在实验室制备，就可以大幅降低化学药品的成本。

18 N 硫酸，H_2SO_4：用等体积的蒸馏水或去离子水稀释试剂级硫酸。缓慢地将酸加入水中，决不能把水加入酸中。稀释过程中会释放大量热量，待其冷却。

0.02 N 硝酸汞溶液，$Hg(NO_3)_2 \cdot H_2O$：将 3.42 g 试剂级硝酸汞溶解于 1 L 蒸馏水或去离子水中。

二苯卡巴腙-溴酚蓝混合指示剂：将 0.5 g 试剂级二苯卡巴腙晶体和 0.05 g 溴酚蓝晶体溶解在 100 mL 95% 乙醇中。

1 000 ppm 氯化钠溶液（测试试剂用）：将 1 g 试剂级氯化钠溶解在 1 L 蒸馏水或去离子水中。对半稀释至 500 ppm 的氯化钠溶液，再次对半稀释至 250 ppm，以此类推。

在电解清理期间，应至少每周计算和记录一次氯离子水平。这些数据可以制成一个图表，文物中去除氯化物的进展便一目了然。这不仅节省了大量宝贵的时间，还能帮助文保人员确定何时所有可检测的可溶性氯化物可以完全从文物上去除，以及何时更换被氯离子污染的电解液。氯离子的系统监测能确保文物的电解保持在所需的最短时间内。然而，氯离子监测不能确定铁化合物还原的效率，只能通过分析文物处理前后样本来确定。

图 10.1 所示为典型的海洋环境出水铁器处理过程。它清晰地显示了文物中析出的氯化物含量由初始的上升，随着电解液周期性地更换逐渐降低。图中降到零线表示更换电解液。图中 11 月两周的缺口是文物从电解池中取出，机械清理

剩余的凝结物和松散的腐蚀产物。偶尔会在氯离子变化图上看到之前的那种大幅度降低，特别是氯离子含量高的时候。这可能是由于氯离子与阳极的腐蚀产物发生反应，氯酸盐形成或者氯气释放导致溶液监测不到氯离子。持续电解直到氯离子浓度在数天内保持不变，并且不高于电解液自身原本所含的氯离子浓度。

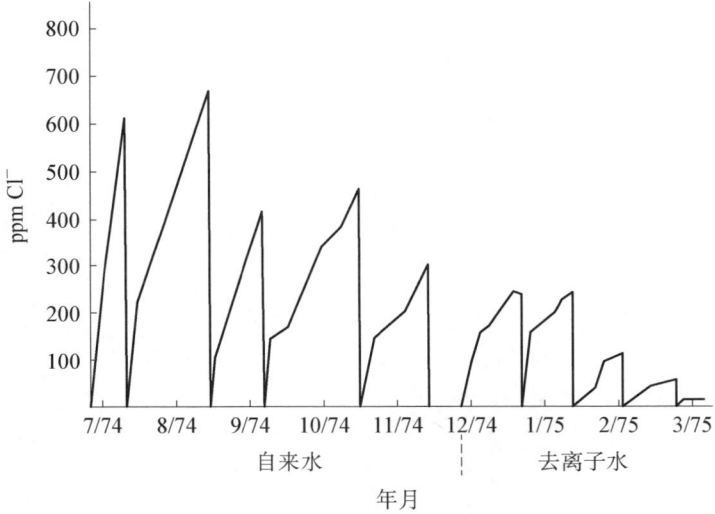

图 10.1　电解期间溶液中氯离子扩散曲线图

第十一章

铁器的保护(二)　实验变量和步骤

一、实验变量

1. 电解装置的类型

文物的电解方法取决于下列因素（Hamilton 1973，1976）：

（1）文物的尺寸和状况。

（2）待处理文物的数量。

（3）直流电源的数量。

（4）供电单元的电流容量。

（5）容器的数量、大小和类型。

"理想"的电解装置［见图 11.1(a)］是每个电解槽中只放一件文物，形状妥帖的阳极紧密包围文物，阳极与文物的所有表面等距，并且整个装置连接至单独的直流电源。文保人员使用这种装置能精确地调整流向文物的电流，保持有助于文物表面金属还原的预定电极电位。这种装置适用于特别重要且需要尽全力保护的文物。

第二种电解装置［见图 11.1(b)］是在一个电解槽中放置数件文物，每件文物都各自被形状妥帖的阳极紧密包围，并且连接到单独的直流电源上。使用这种装置时，重点是确保不同阳极之间的距离大于文物与其阳极之间的距离，以防止任何交叉电流。（这点在图 11.1(b)中并未标示出来）这种装置可以控制流向每件文物的电流，并保持正确的电极电位。由于电解液中的氯离子源自容器中的所有文物，因此不可能准确地确定特定的单件文物何时不再析出氯离子。然而，文保人员可以通过氯化物监测得知何时更换被氯离子污染的电解液，以及何时所有文物不再含有氯化物。

如果文物需要严密监督（即需要加固金属氧化界面，或保留某些表面及结构细节），建议采用上述两种方法中的一种来设置电解装置。最关键的变量需要精确控制，即阳极与文物的所有部位等距，同时保持稳定地还原电极电位，使阴极表面上电流密度均匀分布。相比之下，电解期间氯化物监测的重要性是次要的。

最常用的电解装置是将多件文物连接在同一个电源上。无论是哪种布局，从控制角度来看，第三种电解装置［见图 11.1(c) 和图 11.1(d)］是最不可取的。其优点是能用一个电源在一个容器内同时处理多件文物。第三种装置的一种布局［见图 11.1(c)］是将每件文物单独连接至电源的负极端，文物共用位于上方和下方的阳极片。该布局的一个变形，是共用底部阳极，而顶部各自有单独的形状妥帖的阳极，以确保每件文物上的电流分布更均匀。

如图 11.1(d) 所示的装置更为常用。文物悬挂在铜质阴极棒导体上（Plenderleith 1956：194－196；Plenderleith，Torraca 1968：243；Plenderleith，Werner 1971：198），可调节的垂直阳极片悬挂在容器两侧，另一块阳极片沿容器底部铺设，有时称为"夹心装置"。底部阳极释放的氧气确保溶液不断混合，防止氯化物在容器底部聚集。增加循环有助于防止阳极上生成强氧化性的酸性次氯酸盐，以确保阳极处于钝化状态。

"夹心装置"有上述几种装置所有的缺点。它的另一个缺点是文物连接负极端的距离是影响电流流动的因素之一。文物越接近负极端，接收的电流就越大。可以定期重新摆放文物的位置，保证每件文物在电解处理期间能接收到平均电流。"夹心装置"的优点是可以用单个电源在一个容器内同时处理多件文物。当设施有限却需要处理大量小型文物时，这种装置方法就很合适。

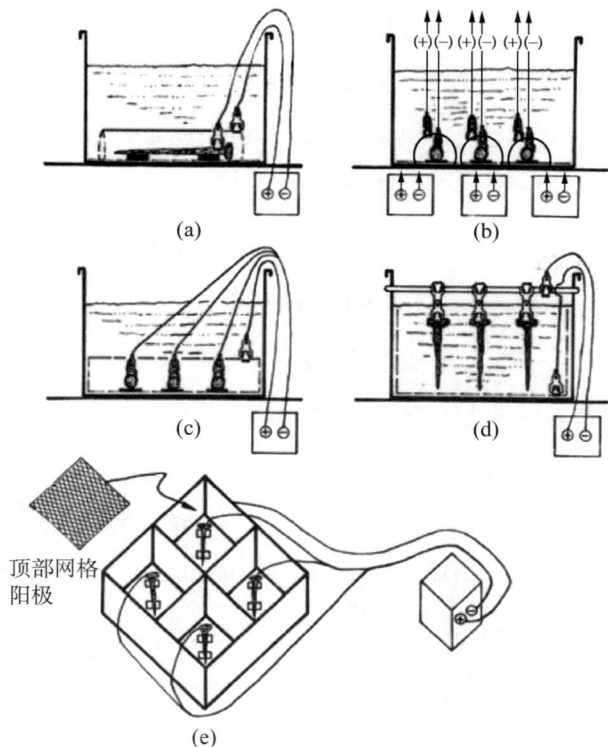

图 11.1　电解装置的类型

　　当使用金属容器作为阳极时,可以根据文物大小的变化,沿容器的侧面以及横跨容器的顶部放置辅助的、可调节的延展低碳钢阳极片。当使用塑料容器时,最好在容器底部铺设阳极,因为从底部释放出的氧气可确保溶液保持不断混合,可防止含氯化合物以及次氯酸盐在容器底部或在阳极上凝集。

　　"夹心装置"可以做一些改进以加速电解清理。大多数文献(Plenderleith 1956:195)建议在容器顶部放置三根铜棒,两侧的铜棒用铜丝悬挂垂直的钢片,中间的铜棒用铜丝悬挂待处理文物。使用膨胀钢片或不锈钢片会更简单。铺设在容器顶部并弯折延伸到容器底部,这就剔除了两根铜质阳极棒和悬挂用的铜线,这些铜棒和铜线无论怎样都会发生阳极溶解并电镀到阴极上。用鳄鱼夹将阳极片连接到正极端。由于连接鳄鱼夹的铜线没有浸在溶液里,因此铜线不会发生阳极溶解导致鳄鱼夹断开。这种情况常见于浸没在电解液中的阳极连接处。

阴极棒上悬挂器物的铜线不会发生反应。文物和阴极之间保持接触良好比较难，在某些时候，电接触会难免断开，因此最好用双头夹把文物连接到阴极棒上（至少对于大多数小型文物而言）。双头夹可以购买，或者把两个夹子的末端用螺栓相连制成。夹子施加恒定的压力以确保阴极棒和文物连接。夹子还可以很方便地与器物连接和去除，丝毫没有不必要的麻烦。

针对三种电解装置，文保人员都不能针对单件文物调节电极电位或电流密度，这减少了将有益的腐蚀化合物还原成金属态的可能性。这三种装置也不能监测单件文物的氯离子析出程度。

还有一些装置可以处理多件文物，每件文物有单独的电解池，但是连接到同一个电源上。如图 11.1(e) 所示，使用分格的低碳钢桶或不锈钢桶，连到正极端上作为阳极。每个格子里放一件文物。同时使用多个格子时，虽然不能控制流向每件文物的电流，但是可以分别监测每个格子电解液中氯离子的水平。这种方法的优点是利用有限的设施，通过一个直流电源处理多件文物。文保人员能够准确地判断每件文物中的氯化物何时清理干净，从而将处理时间最小化。当某件文物处理完成后，这个格子可以处理新的文物而不会干扰其他格子中的电解处理。

很多文保实验室使用的电解装置会把单个电源连接到一个由许多电流表和变阻器组成的控制面板上。每件文物置于单独的容器中，连接到线路的变阻器会调节流向单个容器的电流。每件文物或容器都配有一个显示输入电流的电表。这种特定的设备可以调节同一电源输出至多件文物的不同电流。只要电源输出的电流可以满足正在处理的多件文物的需求，这种装置就没什么特别的缺点。

2. 电解液

通常用于铁器处理的电解液有两种：Na_2CO_3 和 NaOH 溶液。每种电解液都有优点和缺点，文保人员必须知道如何选择最适合的电解液。处理中使用的碱

(和酸)浓度应满足工作需要,但不能过量。这样可以避免过度清理文物,同时尽可能地降低运行成本。

1) 氢氧化钠

大部分处理海洋遗址出水铁器的实验室在电解处理时使用 2%～5% 的氢氧化钠溶液作为标准电解液。如果处理的目的是最大限度地还原铁腐蚀产物,氢氧化钠溶液就是唯一可用的电解液。氢氧化钠比碳酸钠更易溶于溶液中,然而与碳酸钠不同的是,氢氧化钠浓溶液混合时会产生极高的热量。由于氢氧化钠溶液的 pH 值较高(12.9),它比碳酸钠溶液的腐蚀性更强,对使用者有潜在的危险,操作时必须谨慎行事,并有足够的安全设备,如手套、眼罩、洗眼器和安全淋浴器等。

2) 碳酸钠

如果最大限度地还原腐蚀产物不是电解处理的目的,那么 pH 值为 11.5 的 5%碳酸钠电解液就足以满足大多数铁制品清理的需要。就安全性而言,碳酸钠比氢氧化钠的腐蚀性小得多,操作起来更安全。然而碳酸钠溶液的导电性不如氢氧化钠溶液,所以需使用更高浓度的碳酸钠溶液(碳酸钠溶液 5%～10% 或氢氧化钠溶液 2%～5%)。较高浓度的碳酸钠溶液比较低浓度的氢氧化钠溶液便宜一些,并且更容易在化学药品供应商处购得。

对比用自来水和去离子水配制的 2%氢氧化钠溶液处理文物,实验表明,用自来水和去离子水配制 5%的碳酸钠溶液,文物析出氯化物以及达到高氯离子浓度的速度都更快。

碳酸钠作为电解液的主要问题是,在电解清理期间,文物上会沉淀不可溶的碳酸盐。另一个经常会遇到的问题是,氯离子浓度很高时,溶液的 pH 值和电导率不足以保持低碳钢阳极的钝化。在碳酸钠电解液中,阳极处的氢氧根离子失去电子放出氧气,比碳酸盐的离解产物 CO_3^{2-} 更容易。阳极由于析氧反应造成氢离子积聚,变成酸性,因此相比使用能提供较多氢氧根离子的氢氧化钠溶液,使用碳酸钠溶液时更容易出现阳极溶解。为了确保碳酸钠电解液中低碳钢阳极的钝性,清洁和更换低碳钢阳极的频率就势必比使用氢氧化钠电解液时要高得多，尤其是电解液不循环时。从文物上冲洗掉所有碳酸钠电解液残余物的时间，也比冲洗掉氢氧化钠电解液残余物的时间更长。

Na_2CO_3 最大的缺点与它的 pH 值和阴极还原电位有关。理论上，使用 pH 值为 12.9 的 2%～5%氢氧化钠比使用 pH 值为 11.5 的 5%碳酸钠能更有效地还原铁腐蚀化合物（这在电极电位部分详加讨论）。一般来说，如果还原不是目的，碳酸钠溶液可以作为电解液。然而在处理海洋遗址出水金属时，氢氧化钠溶液是首选。

3）碳酸盐螯合剂

使用碳酸钠电解液的主要问题是，清理过程中阴极的文物上会沉淀不溶性碳酸盐。在高电流密度下，或者使用碳酸盐含量较高的自来水制备电解液时，电解液中出现碳酸盐沉淀的可能性更高。碳酸盐沉淀在氢氧化钠电解液中比较少见，并且似乎与使用有高碳酸盐含量的自来水直接相关。

海洋出水文物外部包裹着碳酸钙、氢氧化镁和其他矿物质，提供了与电解液中的碳酸根离子反应的必要成分，会生成不溶性碳酸盐，如碳酸钙或碳酸镁。一旦文物表面上覆盖了碳酸盐沉积物，氯化物就会被覆盖在表面之下无法析出，这将导致电解液中氯离子水平测定不准确，文保人员错误地认为文物中的氯化物已经完全去除。

可以在电解液中加入 NaOH 或 Na_2CO_3 用量 2%的葡萄糖酸、葡萄糖酸钠或葡庚糖酸钠（sodium glucoheptanate）作为螯合剂，预防不溶性碳酸钙沉淀到文物上。只有当电解液中氢氧化物过量时，葡萄糖酸和葡萄糖酸钠才能有效地发挥作用。pH 值较低的 5%碳酸钠（pH 值为 11.5）电解液会抑制螯合剂的作用。50%的葡庚糖酸钠水溶液对碳酸钠电解液和氢氧化钠电解液来说都是很好的螯合剂。除了防止阴极上的碳酸盐沉淀，葡萄糖酸根离子还将螯合溶解的三价铁离子，通常以氢氧化铁或氧化铁的形式沉淀在钢阳极上。葡萄糖酸根离子还可以防止文物在漂洗和干燥的过程中生锈。

若是怀疑当地自来水有利于碳酸盐沉淀的形成,应使用去离子水制备电解液。如果没有观察到碳酸盐沉淀,就不必往电解液中添加螯合剂。

如果文物表面出现碳酸盐沉淀,通常不太可能通过电解去除。可以把文物在5%的碳酸氢三钠或六偏磷酸钠溶液中浸泡数天去除沉淀物。碳酸氢三钠与不溶性钙或镁盐络合生成可溶性盐,六偏磷酸钠同理(Plenderleith,Werner 1971:253)。

4)电解液中的水

一般建议只能用蒸馏水或去离子水制备电解液。若文物受到氯化物的严重污染,电解液可以使用自来水直至氯离子水平接近当地自来水的水平则更为经济。一旦氯离子水平接近,就要用去离子水取代自来水。首次电解时使用自来水实际上可以减少电解时间。初步实验表明,在氢氧化钠和碳酸钠电解液中使用自来水去除氯化物比使用去离子水的速度更快。

5)电解液对金属容器的影响

在清理海洋出水铁器时,前几次浸泡会在电解液中积聚大量的氯化物。如果盛有电解液的金属容器同时是阳极,高氯离子浓度($2\,000 \sim 18\,000$ ppm)以及缺少外部循环可能会导致金属桶发生阳极溶解,从而引起大面积腐蚀。使用5%的NaOH电解液是因为其多余的氢氧根离子可以很好地防止阳极溶解。当氯离子水平下降到$1\,000$ ppm以下,就可以使用2% NaOH。若使用5%碳酸钠电解液,阳极溶解会更频繁,应使用容易更换的容器。

3. 电流密度

电解还原时的电流密度是指当外部直流电源引入电解池后,文物表面单位面积上的安培数,例如每平方厘米1安培($1\ A/cm^2$)。推荐用于电解清理的电流密度为$0.001 \sim 1\ A/cm^2$(Plenderleith 1956:195;Plenderleith,Torraca 1968:242;

Plenderleith，Werner 1971：198；Pearson 1972a：12；Townsend 1972：252）。具体的电流密度应用指南很少见。

　　许多金属制品的形状不规则,很难确定其表面面积。尽管在文保文献中很少提及,但只有当阳极妥帖地包围着阴极并完全把文物包裹在内时,才计算阴极表面总面积,否则只计算文物暴露于阳极的相对面积。如果文物是坚固的、状况良好的金属,或者只有三价铁腐蚀化合物,那么施加的电流密度就不那么关键。如果文物含有亚铁腐蚀化合物,初始高电流密度会导致持续剧烈地释放氢气,致使腐蚀层迅速脱落,文物形状将发生显著变化。此外,初始高电流密度会使文物表面变形并且封闭,深层氯化物不能被去除。这些问题可以通过在电解清理的早期阶段使用低电流密度来避免。更重要的是,还原过程有可能恢复足量的金属,加固金属氧化物界面,使文物更接近实际尺寸。即便对腐蚀层通常并不贴附的锻铁器而言,也是如此。

　　汉密尔顿（Hamilton 1976：41）曾提出海洋环境出水铁质文物处理的电流密度及其用途。下述电流密度数据是通过测量一块矩形钢表面的电极电位,然后在一些小型文物上加以验证得来的。

　　（1）低电流密度（$0.001 \sim 0.005 \ A/cm^2$）有助于减少亚铁腐蚀化合物。

　　（2）中等电流密度（$0.05 \ A/cm^2$）适合去除氯化物,而且不会释放过量的氢气。

　　（3）在高电流密度（$0.1 \ A/cm^2$）时,氢气剧烈释放,用于机械清理。

　　假如以还原铁为目标,那么文物的处理应从低电流密度开始,然后长时间使用中等电流密度去除氯化物。持续使用低电流密度会延长去除氯化物的时间,但是高电流密度下氢气的剧烈释放会影响从金属及其腐蚀产物中去除氯化物的效率。在低电流密度和中等电流密度下,氢气释放起到机械清理的作用,能够缓慢地去除文物上的海洋凝结物和部分腐蚀产物。然而,为了获得最大效率,在文物处理的最后阶段应使用高电流密度,以确保残余的海洋凝结物、松散腐蚀层以及任何残留氯化物能完全去除。可还原的金属腐蚀产物在电解的最后阶段已经被还原，此时使用高密度电流剧烈释放的氢气不太可能去除金属。虽然电流密度有指导作用，但不能刻板地遵守，文保人员应考虑被处理文物的特殊性和可用的处理设施。例如，在处理特大型文物时，上述指导电流密度可能超过电源能提供的最大电流。

为了更直接地控制金属腐蚀化合物的还原，诺思（North 1987：226）建议在文物电解时要在一周内缓慢升高电源电压。文保人员在绘制处理进展图时，以 x 轴表示电流值（A），以 y 轴表示电压值（V）。电流开始快速增加时的电压值是析氢电压，这时进行电解以优化还原的电压。运用这种技术可以消除电流密度操作上的一些困难，推荐使用。

在实际操作中，大多数文物既不需要测量电流密度也不需要确定析氢电压，通常只要观察文物表面氢气的变化即可。随着电压或电流缓慢增加，会观察到文物表面出现一些氢气泡（在理论上，金属还原不需要观察任何氢气的变化，但金属表面不规则地析氢是电流流动的直观表现）。在这种低氢气析出水平下处理文物能够尽可能多地还原腐蚀产物。不久，析出的氢气变多，因为文物的电阻减弱，并且金属中的一些腐蚀物被还原。如果发生这种情况，则降低电流至再次观察到氢气不规则释放。在大部分还原完成之后，增加电流，使文物表面稳定而不剧烈地释放氢气。这是在合理的时间内最大限度地去除氯化物所必需的。在高电流强度下，氢气的剧烈释放起到机械清理文物的作用（如上所述，不应在高电流密度下机械清理文物，除非所有期望的腐蚀物已被还原且氯化物被去除）。在实践中，大多数经验丰富的文保人员使用这种方法来确定铁器和其他金属器的电流密度。

施加的电流密度决定了电极和电解液之间建立的电极电位，以及阴极处的析氢速率。在阴极上建立特定的电极电位是还原金属腐蚀物的基本要素。由于在不同腐蚀程度的铁器和不同铁合金上给定的电流密度和电极电位之间并没有对应关系，因此电流密度和析氢电压在处理重要文物时并不够精准。在这种情况下，有必要测量被处理文物表面的电极电位。电极电位的作用还表现在当处理目标在最大限度地还原金属时，为什么一种电解液优于另一种电解液。这个问题将在下面进一步讨论。

就铁而言，大多数可还原的腐蚀产物会被还原成磁铁矿。与有色金属不同，尚未见到任何铁腐蚀产物实际上还原为金属。

4. 电极电位

电解还原金属制品的主要目的和优势是控制阴极表面的电极电位。每种金属的标准电极电位或相对活性可以根据标准氢电极排成电位序，如表 9.1 所示。氢电极的电势为 0，所有金属与其相比或正或负。一种金属的标准电极电位是指某个特定金属电极浸在含有其正常活性阳离子的盐溶液中和一个氢电极组成了电池，平衡这个电池所需要的电动势（EMF）（Evans 1963：231）。

金属的电位序表示 pH 值为 0 时的平衡值，电位序随着 pH 值的变化而变化。为了使金属阳极腐蚀，必须采用比金属平衡值更正的电极电位，而阴极还原则必将产生更负的电位。只有电极电位明显负于铁的平衡值时，铁的阴极还原才会发生。而电极电位如果过正，阳极溶解会变得明显。

如果（离子）活性（有效浓度）不正常，则金属的电极电位会发生改变。显然，如果稀释溶液，从离子到金属态的过程将变慢，然而金属至溶液的通道保持不变。这样将打破平衡，但是可以在更负的电位下获得新的平衡。这意味着，18℃时，如果活性和浓度是相同的，每稀释 10 倍（如从 N 到 $N/10$，或从 $N/10$ 到 $N/100$），1 价离子的电位在负方向上移动约 0.058 V，2 价离子的电位在负方向上移动 0.029 V.理论上电位移动更多地出现在惰性金属上。但对于一些次惰性金属（铁），实际测量到的电位几乎与原溶液中金属盐的浓度无关，这是因为金属能与溶液发生反应，于是紧挨金属的那层溶液的浓度会与溶液主体的浓度不同（Evans 1963：234）（见图 11.2）。

氢还原和电极电位

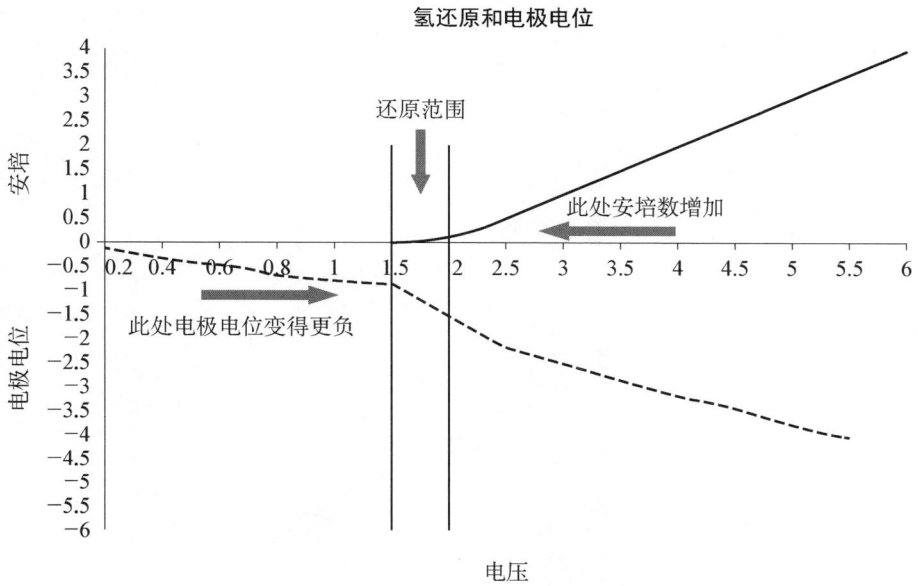

纵轴分为两部分：上部分表示电流表读数，下部分表示文物表面的电极电位值
横轴表示电压表读数
实线表示电流的变化
虚线表示文物表面电极电位的变化

图 11.2　电流密度

　　浸没在起初不含铁离子的水溶液中的铁的电位取决于氢离子的浓度，随着 pH 值升高，稳定地变得更负（Evans 1963：235）。

　　图 11.3 中表示在 20℃ 标准温度时，不同 pH 值下的亚铁离子、铁离子和氢离子的还原电位。该图可以确定还原已知 pH 值和离子含量的电解液中的亚铁腐蚀产物所需的理论电极电位和电压。在 pH 值为 0 时，亚铁离子的还原反应（$Fe^{2+} + 2e \longrightarrow Fe$）发生在 $-0.409 \sim -0.440$ V。pH 值每升高 1，还原电位增加 -0.029 V。3 价铁离子的还原反应（$Fe^{3+} + 3e \longrightarrow Fe$）发生在 -0.036 V，pH 值每升高 1，还原电位增加 -0.019 V。氢离子还原反应（$2H^+ + 2e \longrightarrow H_2 \uparrow$）发生在 0，pH 值每升高 1，电位增加 -0.058 V。根据热力学知识，在水溶液中不可能还原三氧化二铁和其他 3 价铁腐蚀化合物，这一点也在图 11.3 上有所显示。还

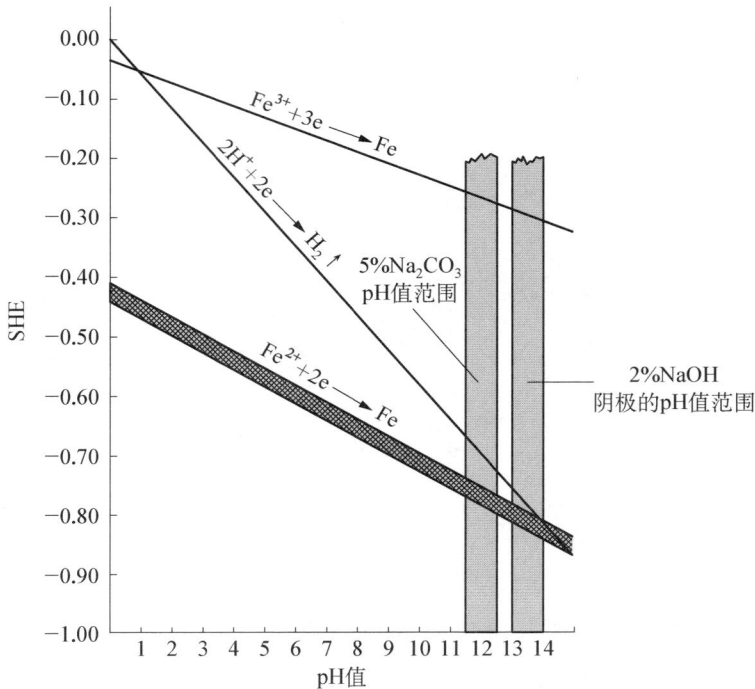

图 11.3 20℃标准温度下亚铁离子、铁离子和氢离子在不同 pH 值下的还原电位。
阴影部分表示 5% Na_2CO_3 和 2% NaOH 电解液的 pH 值范围

原 3 价铁腐蚀物的电极电位远远超出了在有外加电势的碱性电解液中电解还原的可能范围。

电极电位受温度、pH 值和电解液组成的影响。保护铁器时，pH 值是最重要的因素。有多种方法可以测量电解液的 pH 值，但是没有可以确定电极表面 pH 值的简单方法，虽然这个数值十分重要。众多周知，阴极处电解液（阴极析氢表面处的溶液）的 pH 值要高于其余电解液的 pH 值。为了合理估计阴极处的主导 pH 值，要测量电解液的 pH 值并假定 pH 值的最大增长值。氢氧化钠的最大 pH 值为 14，碳酸钠的最大 pH 值为 12.5。尽管这种方法并不精确，但没有方法直接测量阴极电解液的 pH 值。调整后的 pH 值范围如图 11.3～图 11.5 所示。

阴极表面的电极电位是电解过程中还原铁腐蚀化合物的关键因素。当达到

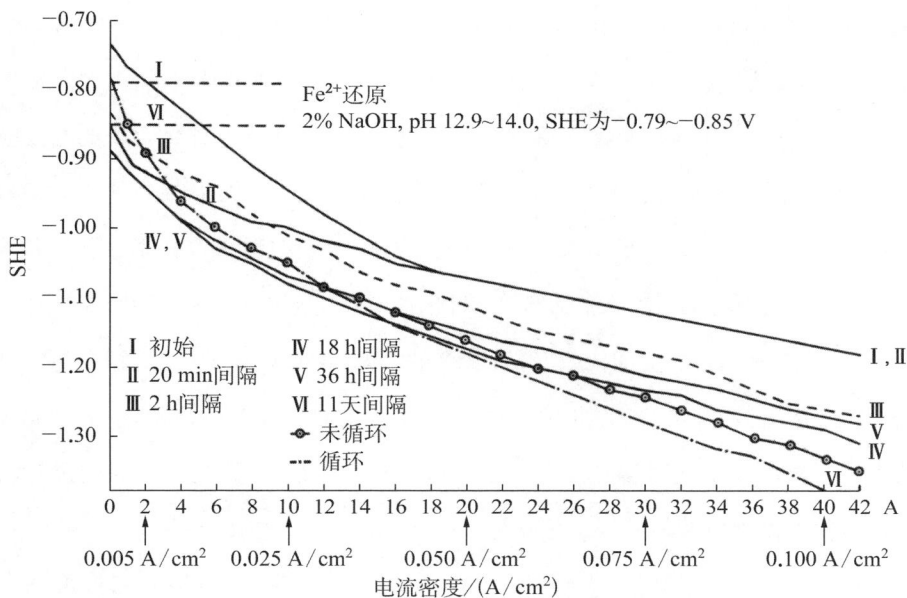

图 11.4　11 天的电解试验过程中，不同电流密度下 2%NaOH 电解液中铁阴极表面的还原电位

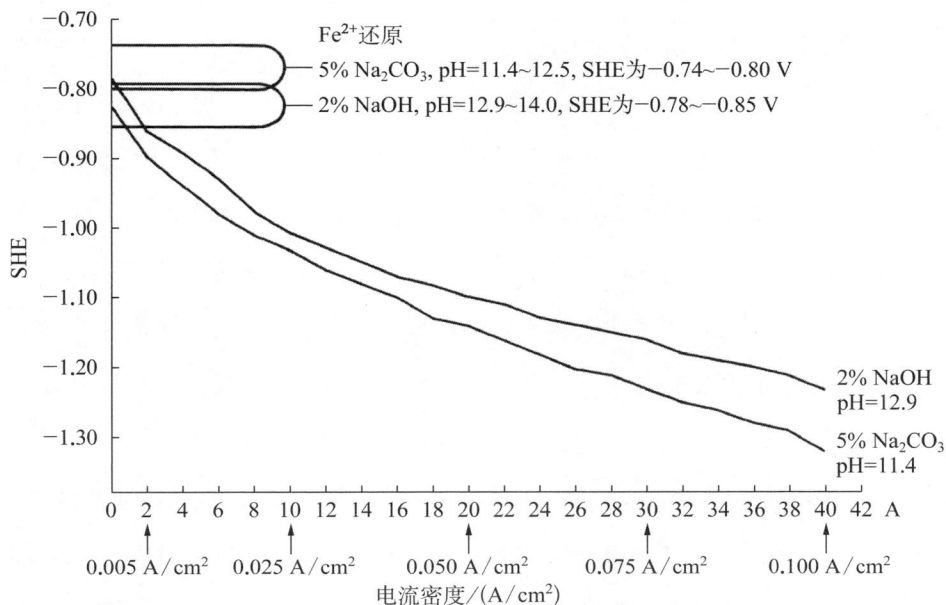

图 11.5　在 5% Na₂CO₃ 和 2% NaOH 电解液中，同一铁器样本表面的还原电极电位比较

电解池的氢放电电位,氢离子形成,邻近的亚铁化合物减少(在更负的电极电位下,氢分子很快形成并结合成氢气逸出。析氢效应就像机械清理,可以清除任何松散的腐蚀层)。在理论上,能够最大程度地还原/加固亚铁腐蚀化合物的电极电位是氢放电线和亚铁离子还原线的交叉点,或者紧挨该交叉点的左侧(见图 11.3)。使用反应式 $Fe^{2+} + 2e \longrightarrow Fe$,代入 Fe^{2+} 的还原电位和 pH 值的修正值((−0.409)(−0.029)(pH 值)),该交叉点出现在 pH 值为 14.1,电极电位为−0.82 V 时。

图 11.3 显示了 11 天内 pH 值为 12.9 的 2%NaOH 电解液中,文物在不同电流密度下的电极电位。在文物表面被氢完全包裹之前进行初始试验,电解液的电流电阻下降,文物的电阻消失。20 分钟后,电极电位在 11 天测试期的剩余时间里极有限的范围内下降了。根据图 11.3 中的数据,可以确定 pH 值为 13~14 时,亚铁离子还原电位范围为−0.79~−0.85 V。根据图 11.4,这一电位范围在 ≤0.005 A/cm² 的电流密度下实现,几乎不在 NaOH 的铁还原范围内。图 11.5 比较同一件文物在 2%NaOH 和 5%Na₂CO₃ 中的电极电位,Na₂CO₃ 的 pH 值尚未达到还原亚铁化合物的理论电极电位。从理论上讲,当处理目标是还原亚铁腐蚀产物时,NaOH 电解液具有明显优势。

电解开始后,阴极需要数小时至一天的时间才能调整至平衡状态。在金属表面形成金属/氢键,表面氢饱和,随后氢气释放。直到金属表面氢饱和并建立平衡,电极电位才会保持不变。文物的电极电位一旦建立,可能需要每天调节电流以保持电位,因为随着可溶性盐的增加,电解液的电流电阻会下降,金属及其腐蚀产物的电阻也会发生变化。汉密尔顿介绍了测量电极电位的程序(Hamilton 1976:103-105)。然而在调节电流回到预设电位之前,必须确定电位的变化是由阴极变化而非传导系统的变化引起的(即由于缺乏循环导致的电解液的变化)。图 11.4 显示的是 11 天内不循环电解液情况的 6 次测试。每次测试的最后一天循环电解液,测试从头开始。除了高电流密度下的电位外,最后 2 次测试中电极电位读数的差异可以忽略。传导系统依然够用,特别是对于亚铁化合物的电极还原电位。如果传导系统有任何改变,阳极区域会表现得比较明显,可能会形成酸性区域。这些区域中的氯离子与带正电荷的阳极反应,形成次氯酸根离子(ClO^-)或次氯酸($HClO$),氧化阳极。不良反应很容易在阳极处检测到。若发生不良反应,阴极也会受到影响。尽管对电解池的运作没有明显或有害的影响,但是两个电极的电位都有变化。如果电位改变,应搅拌或循环电解液并再次测量。如果电极电位不变,可以调整电流强度重新建立最佳范围。

从效率的角度来看,电极电位测量对于特定文物电解处理的精确控制和品质保证是很有必要的。文物表面腐蚀区域的扩展或缩小将反映在电极电位中,文保人员借此可以识别那些需要更大还原范围的区域,并判断电解还原的进展。测量电极电位获取的数据可用于决定大部分待处理铁器的实际电流密度,尤其是对于那些不能密切监控和没有时间测定电极电位的铁器。然而,对于特定的文物,尤其是形状不规则和差异性腐蚀的文物,仍难以获得最有效的电流密度。因此,依靠析氢电位电压或仅依靠目测观察析氢速率就可以满足大部分铁器处理的需要。

二、保护步骤

1. 电解处理

1) 室外电解

所有的电化学还原清理都会产生刺激的腐蚀性气体和氢气,为保证人员的安全和舒适,必须从房间或建筑中完全排出这些气体。这需要昂贵的通风柜或者带排气系统的密封室,或者把电解池放在室外。大多数实验室会综合使用上述三种方法。有通风柜的实验室处理较小的文物。一些大型文物在单体建筑的通风房间内清理。在室外的低碳钢容器或塑料容器中清理其他的大型文物和一些小件文物。

室外电解不需要排气系统,但需要频繁更换溶液,预防空气中的灰尘和沙子引发问题。只要降雨量不至于稀释溶液，雨水也无关紧要。可以用比重计测定比重来确定，通过加入更多的氢氧化钠或碳酸钠来补救。在很多情况下，雨水只会减少，需要每天添加到容器中来补偿蒸发、腐蚀性蒸气和电解还原所损失的去离子水的量。

如果该区域相对隔离（即对人流是安全的）且有足够的设施，强烈建议进行室外电解还原。电力供应必须不受天气影响，可以自行选择是否在电解槽上方搭建棚顶。尽管低温不会明显降低化学活性，但是电解液可能会发生电阻压降，导致电解池的电压升高，所有电解液都应避免冻结。

2）电解清理铁器概况

以下述评主要针对但不限于大型铁器。我们提出了一些改进电解清理程序和减少电解时间的建议。

尽管文保人员经常避免使用电解法清理大型铁器（因为它们体积庞大），但没有解决不了的问题。为了更好地了解造成电解清理成功或失败的因素，我们将回顾几则案例。

最早试图通过电解清理处理海洋出水大型铁器是挪威的尼尔森中尉（Lieutenant Nielsen）。这件标本是一门锻铁火炮，1942 年从一艘 15 世纪的沉船上打捞出水（Eriksen，Thegel 1966：100‐102）。时值二战，在设施和备品都不足的不利条件下尝试处理。这次尝试失败的原因有很多，最重要的是以下几个方面：

（1）没有拆除炮的木质底盘，造成很大一部分炮体与电解液隔离，阻碍了电流的均匀分布。

（2）电解处理太短，没有完全去除氯化物，整个 384 小时的处理期内只断断续续进行了 69 个小时。

（3）仅沿容器一侧放置钢质阳极片，不能确保电流的均匀分布。

（4）在短暂的电解处理后，用盐酸擦洗木质底盘以中和 1%氢氧化钠电解液。

盐酸引入的额外氯化物腐蚀了铁。

首次成功使用电解清理大型铸铁炮的案例见于奥拉·帕托哈尤（Ora Patoharju 1963，1973）的报告。1963 年，对一艘 1790 年沉船上的两门炮做了保护处理。其中一件在处理前已经出水多年，并已经干燥。第二件新出水，仍旧是湿的。两者都作为阴极，和三个不锈钢片阳极浸在 10% Na_2CO_3 电解液中，以 4 V 20 A（电流密度约 0.027 A/cm^2）处理了一个月，又以 4 V 150 A（电流密度约 0.2 A/cm^2）处理了 5 个月。

这个案例没有提供关于电解处理各方面足够的细节，无法准确评价。然而，在室外放置了 2 年以后，"湿润"的那门炮情况稳定，它的处理被认为是成功的。不过干燥的那门炮情况继续恶化，速度与电解处理前相同。处理成功的原因可能是湿润状态防止了炮的进一步腐蚀，并且 6 个月的电解确保了金属中的氯化物被完全去除。帕托哈尤的初步结论是，海洋出水铸铁器应该保持湿润，直至浸入电解液中。如果文物在处理前干燥，那么文物将进一步氧化，导致任何保护措施都有可能无效。

在另一则案例中，电解法成功地处理了数件大型炮栓，炮栓上的大多数腐蚀层都保持完好。处理结束 1 个月后，决定再次处理，使其表面变暗。于是炮栓被放进炉子里融化并去除涂在表面的蜡，这很可能导致重新电解前炮拴中的 FeO 加速转化成 Fe_2O_3。这则案例最后与帕托哈尤的"干"炮一样，腐蚀层完全剥离，留下严重损坏的表面。

上述案例表明，如果有较厚的腐蚀层，那么首次处理必须成功。锻铁腐蚀层不会贴附，腐蚀层在干燥和封护后显然会继续氧化，并且可能丧失与金属内芯的电耦合。在随后的电解过程中，金属表面析出氢气，引起腐蚀层的脱落。在电解前把文物长时间浸泡在电解液中重新建立电耦合可能会缓解这个问题。

皮尔逊（Pearson 1972a，1972b）介绍了 1770 年库克船长在澳大利亚沿海的因迪夫礁（Endeavour Reef）遗弃的六门铸铁大炮和其他一些遗物的保护措施。大炮抵达实验室后，储存在 2% 的氢氧化钠溶液中，为了在整个保护过程中支撑大炮，特制了表面为环氧树脂涂层的木质支架，每门大炮都放在支架上。文保人员用锤子机械去除珊瑚凝结物，又用清水小心地擦拭大炮表面，去除松散的黑色腐蚀物。三门大炮（标示为 1 号大炮、2 号大炮及 3 号大炮）和支架被分别放在单独的玻璃纤维内衬的木质水槽中，用 2% 的 NaOH 电解液同时处理。电解槽串联在一个电源上，类似前文的第四种装置。每门大炮都被设为阴极并有两个阳极，沿水槽一侧有一片低碳钢板作为一个阳极，炮膛中的钢棒作为第二个阳极。施加 $10 \, A/m^2$（$0.001 \, A/cm^2$）的电流密度。每周将 3 号大炮从电解槽中取出，更换新的电解液。然后把 1 号大炮放进 3 号大炮的电解槽中，2 号大炮放进 1 号大炮的电解槽中，3 号放进原来 2 号的电解槽中。通过这个方法，电解处理中最长的 1 号大炮总是在新鲜的电解液中。每周持续轮换直至分析表明 1 号大炮溶液中的氯离子含量在一周内没有增加。使用这种方法，每门大炮大概需要 6～8 周的电解时间。

皮尔逊选用的电流密度为 $0.001 \, A/cm^2$，因为实验证明这是去除氯化物的最佳电流密度。皮尔逊还发现，较高电流密度会使铸铁的石墨表层起泡，而较低电流只会延长去除氯化物的时间。更重要的是，这个电流密度在最有效还原亚铁化合物的范围内。锻铁上的一系列实验（Hamilton 1976：40-46）表明，理论上 $0.001～0.005 \, A/cm^2$ 对金属还原最有效，如图 9.1 和图 11.6 所示；$0.05～0.1 \, A/cm^2$ 对去除氯化物最有效；$0.1 \, A/cm^2$ 以上电流密度产生的剧烈析氢效应可以用于机械清理。

3）暴露于阳极表面

皮尔逊（Pearson 1972a）清理库克船长的大炮时，他在水槽的一侧放置了一个低碳钢阳极，并使用了不可移动的木支架支撑大炮。阳极这样摆放不能产生均匀的电流密度，而支架使得通过支撑处的两个区域的电流被屏蔽，干扰氯化物去除和金属还原。皮尔逊认为，因为在处理期间没有充分地旋转大炮，两个支撑点处

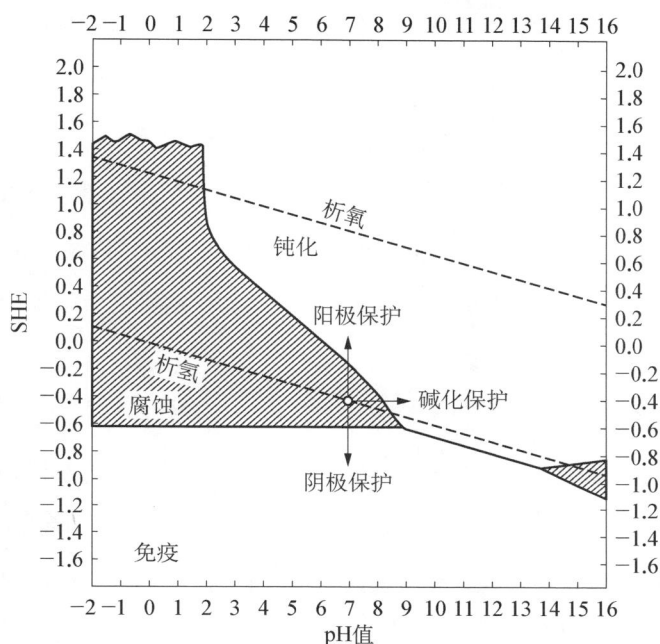

图 11.6　金属还原二

发生了轻微腐蚀,甚至塑料标记覆盖的表面区域也发生了类似情况。

　　这些案例清晰地表明,文物在整个电解过程中不能覆盖任何部分,即便一小片窄胶带也会屏蔽下面的区域,妨碍腐蚀性氯化物的完全去除。为了避免这个问题,应该频繁地旋转大炮,并且每次更换电解液时都应改变可移动支架的位置。文物识别标签的位置在电解期间至少应变动一次。

　　电解时使用形状匹配的阳极很重要。形状匹配的阳极可以确保文物所有表面电流密度均匀,能够提高电解法的总体效率。文物和阳极之间不必在每个点都保持精确的距离,对于不规则形状的文物来说,这几乎是不可能的。确切地说,阳极应该在某种程度上与文物表面的距离均匀一致。

　　诺思(North 1987:225)同意汉密尔顿(Hamilton 1976)的观点,尽管建议使用形状匹配的阳极,但并非必须,因为只要文物与阳极的距离保持在 20~80 cm之间,电流分布就相对均匀。不过他进一步指出,在大炮炮管中用钢棒作为阳极时就不适用,因为钢棒和炮之间的距离很小,电流会集中在大炮炮膛中。此外,在讨论建立析氢电位时,诺思(North 1987：226)指出,如果氢气只在文物表面的某个区域析出,很可能是由于在那个点上阳极与文物的距离太近。这再度表明,文物和阳极之间保持相对均匀的距离对于更好地进行电解清理是必不可少的。

即便电解时阳极的形状不必每次都与文物吻合(文物经常被放置于两个阳极之间,尤其是批量处理文物时),也强烈推荐这么做。这将最大限度地还原铁,去除氯化物,并减少电解时间。

4）电解持续时间

帕托哈尤(Patoharju 1964)的案例是利用 6 个月的时间电解清理 1790 年从沉船上打捞出水的两门大炮。一般来说,接近大炮尺寸的锻铁制品需要 6～12 个月的电解时间。举例说明处理大型锻铁器所需时间：一门长 198 cm 的全武装旋转炮,需要 20 天的时间来清除所有凝结物并且拆除部件,20～50 A 下电解清理 251 天,多次交替在沸腾和冷却的去离子水中漂洗 7 天,在酒精中脱水 15 天,浸没在熔融的微晶蜡中 1.5 天。三门箍炮在同一容器中一起处理,需要电解 480 天,漂洗 3 个月(等待微晶蜡的交货延长了冲洗时间),在酒精中脱水 5 天,在微晶蜡中浸没 5 天。即便是小件锻铁器,比如铁钉(spike)等,通常也需要 60～90 天的电解。如果文物电解时间过短,电解效果就不能完全到位,漂洗文物的时间也会显著增加。

5）减少电解时间

文物若放在就其体积而言较小的容器中,并以较低浓度的电解液进行电解清理时,电解的时间会显著延长。当电解清理文物时,电解液的量越大,所需的电解时间就越短。在两个小容器中清理两件锻铁炮栓的电解时间长达 25 个月。此外,频繁地更换电解液也将显著地缩短文物电解清理时间。

将电解液中的氯离子(Cl^-)水平降到 50～100 ppm 的阶段需要最长的电解清理时间。当 Cl^- 低于 100 ppm 时,可以认为文物已处于清理的最后阶段。至少有两个原因会造成电解过程中去除氯化物需要很长的时间：①电解在高电流密度下进行，该电流密度倾向于优先析出 H_2 而抑制 Cl^- 的移动；②在电解中，Cl^- 浓度受唐南平衡理论（Donnan equilibrium theory）的控制。

唐南平衡理论涉及离子在膜两侧的不均匀分布（Kunin 1958：14-16）。虽然在文物和电解液之间不存在膜，但是固相和液相之间的界面可以认为是膜。氯离子持续交换直至两个相位的氯离子浓度比相等。电解液中氯离子的含量越低，氯离子从文物向电解质的扩散就越有效。根据唐南平衡理论可以推导出，当电解液中氯离子含量等于或高于文物中的氯离子含量时，尽管电解场依然存在，但文物中的氯离子也不再转移到电解液中。氯离子测试在平衡条件下可能会产生误导。当电解液中的氯离子含量在受控恒定体积的电解液中保持稳定水平时，应当确定氯化物去除过程已经完成或者达到了平衡状态。除非更换电解液降低氯离子浓度，否则很少甚至不能从文物上进一步去除氯离子。通过更换电解液并监测氯离子浓度若干天，就能很容易地确定到底是哪一种情况。频繁地更换电解液并使用尽可能大的电解槽，确保电解液中氯离子水平低于文物中的氯离子水平，这将加速氯化物去除并使整个电解过程更有效率。例如，两件相似的锻铁锚分别放在电解液中，其中一个电解槽比另外一个电解槽更频繁地更换电解液。电解液频繁更换的锚需要 6 个月的电解时间，而另一个锚则需要 11 个月的时间。三门锻铁大炮在 100～150 A 和 3 V 条件下，需要 16 个月的电解时间去除氯化物，然而第二组更频繁地更换电解液的三门炮在 11 个月内就完成了电解。

使用电解还原清理海洋出水文物时，建议开始时使用自来水制备 2%～5% 的 NaOH 电解液。在此期间，尝试用低电流密度还原亚铁化合物，在中等电流密度下去除高浓度氯化物。在用自来水制备的电解液中持续电解，直到电解液中的氯化物水平接近自来水中氯化物的水平。然后用去离子水代替自来水，用 5% 的 NaOH 继续电解或降低至 2% 的 NaOH。保持低电流密度，直到电解液再次更换，随后开始使用中等电流密度。

如果电解的目的是减少和/或加固亚铁腐蚀产物,则应选择较高 pH 值的 NaOH 溶液。这种情况应使用 NaOH 溶液作为电解液。如果腐蚀产物处于 3 价铁的状态,使用 NaOH 溶液没有任何优势,从一开始就可以使用 Na_2CO_3 溶液。这适用于许多考古遗址中被空气氧化的铁器,但不绝对。几乎总是有一些可以成功还原的亚铁化合物。

2. 碱性亚硫酸盐处理

诺思和皮尔逊(North,Pearson 1975b)发明了碱性亚硫酸盐处理法来保护和稳定海洋出水铸铁器(生铁),同时也可用于锻铁器(熟铁)。布莱斯(Bryce 1979:21)发现这种处理方法对中等至严重腐蚀的铁器有效,但是文物还必须含有金属芯以保证处理效果,否则铁器将会在处理期间破裂解体。该处理方法如下:

(1)机械清理后,将铁器浸入 0.5 N(20 g NaOH/1 L H_2O)氢氧化钠和0.5 N(126 g Na_2SO_3/1 L H_2O)工业级亚硫酸钠溶液中。玻璃容器中要尽可能多地装盛溶液,将文物迅速放入其中以避免溶液发生氧化。然后将容器气密密封,置于烘箱中,加热保持在 60℃。文物经过数次的溶液浸泡直至去除氯化物。这可能需要一周至数月的时间以及多次溶液浸泡。首次或最初的两次溶液浸泡可以使用自来水制备,但随后的溶液应使用去离子水或蒸馏水。溶液不会损伤任何残留金属,所以多次溶液浸泡并没有危险。

当海洋出水铁器浸入热还原溶液中时,铁腐蚀化合物将转化成磁铁矿,氯化物将扩散到溶液中,并随着每次浸泡溶液的更换而被丢弃。处理后的文物表面非常黑。溶液呈强碱性,应避免与皮肤接触。

(2)碱性亚硫酸盐的处理一旦完成,需用去离子水多次浸泡洗涤文物一至数个小时,然后置于 0.1 N(32 g $Ba(OH)_2$/1 L H_2O)氢氧化钡溶液中。氢氧化钡有轻微毒性,应避免与皮肤接触。假如文物在用碱性亚硫酸盐处理后,可以多次使用去离子水强力漂洗，但可以不用氢氧化钡溶液浸泡。

（3）碱处理对于保护海洋环境出水的铁器非常有效。这种处理方法的主要缺点是它必须在密闭容器中进行，并且容器需保持加热状态。

3. 化学清理

许多化学清理法可用于非海洋环境提取的氯化物含量很低的铁器。最常用的化学药品是草酸、柠檬酸、磷酸、乙二胺四乙酸（EDTA）和其他络合剂。单独使用上述任何一种化学药品都可以改善文物的外观，但是不能去除氯化物，不能防止后续的腐蚀，因此化学清理不能作为海洋环境出水铁器的保护方案。普伦德莱思和沃纳（Plenderleith，Werner 1971）详细介绍了上述化学品化学清理的细节。

用磷酸和单宁酸溶液这两种化学品处理后的铁器表面经常形成磷酸盐和单宁酸盐的耐腐蚀膜。磷酸盐和单宁酸盐膜的优良耐腐蚀性最早见于从英国一个古罗马时期制革厂出土的铁器，它们的保存状态极好（Farrer et al. 1953）。不过在使用任何一种化学品前，必须先通过电解、碱性亚硫酸盐处理或水扩散等方法去除氯化物。

1）单宁酸

诺尔斯和怀特（Knowles，White 1958）以及后来的佩利坎（Pelikan 1966）研究了单宁酸盐薄膜在铁上的耐腐蚀性。在加速暴露试验中，他们发现单宁酸盐膜更耐腐蚀，且持续的时间是磷酸盐涂层的两倍。选择合适的单宁酸很重要，不是所有的单宁酸都会取得良好的效果。阿尔戈（Argo 1981）讨论了单宁酸溶液的要求和优点。pH 值为 2.5～3.0 的单宁酸溶液（如 Baker 试剂单宁酸，$C_{76}H_{52}O_{46}$）能形成良好耐候性的单宁酸盐膜。水解单宁溶液，如栗子、榄仁树或橡碗子的提取物，pH 值为 2～2.5，有最好的耐候性（Knowles，White 1958：16）。如果单宁酸混合物的 pH 值太高，应加入磷酸使其 pH 值降至 2.4。在大多数文保实验室中，单宁酸溶液是所有铁质人工制品保护的标准程序之一。尽管单宁酸涂层通常是铁器保护的最后一步，但还是建议在氧化单宁酸盐膜上再涂一层密封剂，如微晶蜡，以确保最大程度的保护。

得克萨斯农工大学保护研究实验室曾用 20% 的单宁酸溶液（200 g 单宁酸，1 L 水，150 mL 乙醇）处理铁制品。但是洛根（Logan 1989）认为，单宁酸溶液超过10% 就会过浓，建议在文物上涂刷若干层稀释的 2%～3% 的单宁酸（如果需要，加入足够的浓磷酸使 pH 值至少达到 2.4）。她还警告说，不同品牌的单宁酸反应不同，推荐使用表现一贯良好的 BHD 化学单宁酸。最近得克萨斯农工大学保护研究实验室对 17 世纪法国沉船中出水的铁器进行了处理，结果表明，5% 的单宁酸溶液比 10% 的溶液能更好地渗透进文物的腐蚀层中。一般来说，2%～10% 的单宁酸溶液较有效，溶液的浓度应由溶液渗透文物腐蚀层的能力来决定。

使用硬毛刷在文物表面刷涂数层单宁酸溶液。刷涂形成的膜比浸渍或喷涂的膜保护效果更好，因为刷涂可以确保溶液接触到松散锈蚀区中的金属。使用刷子还能消除由于析氢而造成的阴极区域的极化（Pelikan 1966：112）。炮弹类文物也能通过单宁酸溶液真空浸渍成功处理。在每次施用单宁酸的间隙，要等文物在空气中完全氧化，最后一次施用后让文物干燥 1～2 天。

单宁酸溶液与铁或铁的氧化物反应形成单宁酸亚铁，并继续氧化成机械强度高、致密、呈蓝色至黑色的单宁酸铁。为了确保单宁酸盐膜的连续性，诺尔斯和怀特（Knowles，White 1958）建议去除文物表面所有的氧化铁产物，否则可能会在阴极氧化铁和单宁酸膜的结合处发生腐蚀。不过，即便忽略这个建议也能取得良好的结果，佩利坎（Pelikan 1966：110-111）发现，只要溶液具有足够的酸性（pH 值 2～3），单宁酸溶液就会直接与金属基底和锈蚀物反应。除了形成耐腐蚀膜，单宁酸溶液还可以让铁器呈现黑色。

2）磷酸

将铁器浸入 20% 的磷酸（H_3PO_4）溶液中，会形成磷酸盐膜。建议在真空下浸渍，以确保酸完全渗透到金属所有的多孔区中。酸与铁络合在金属表面形成惰性的磷酸铁膜。里斯-琼斯（Reese-Jones 1972）使用这种方法成功处理了 1588 年西班牙无敌舰队沉船出水的多孔铸铁炮弹（水扩散去除氯化物之后）。锻铁或钢也能获得类似的结果。

佩利坎（Pelikan 1966：112 - 113）报告的数据表明，磷酸和单宁酸溶液的混合物可用于锈蚀严重的铁器，能显著提高磷酸盐膜的耐腐蚀性。将 100 mL 80%～85% 的磷酸溶液加入 20% 的单宁酸溶液中，在文物上涂刷数层，再涂刷至少 4 层标准的 20% 单宁酸溶液。待文物用磷酸-单宁酸溶液处理之后，应施加最后的封护剂，封闭单宁酸盐或磷酸盐膜。与单独使用单宁酸相比，这种方法不会导致文物呈现过于浓厚的黑色。

无论是否使用单宁酸或磷酸，我们都强烈建议把封护剂（如微晶蜡）涂在文物表面的膜上。微晶蜡能屏蔽膜无法屏蔽的水汽，还可以增加金属腐蚀层的强度。

4. 热处理

1）氧化气氛

1955 年，丹麦学者首次尝试将海洋出水铁器加热至 850℃ 进行处理（Eriksen，Thegel 1966）。有人认为，此温度可以去除与金属多孔基质中的氯化亚铁腐蚀产物相关的水合物，留下不活泼的无水氯化亚铁。然而，简单地使氯化物处于无水状态不能防止后续腐蚀。氯化亚铁和氯化铁都能吸收大气中的水分，重启腐蚀过程，除非施以隔绝大气的气密性防护涂层。热处理的成功更可能是由于氯化物的升华。皮尔逊（Pearson 1972a：25）的实验表明，850℃ 的温度远高于氯化亚铁的熔点。一块测试铁上的氯化亚铁和氯化铁在 700℃ 时剧烈升华，因此氯化铁和氯化亚铁的升华可能发生在 700℃ 以上。处理后的文物在户外暴露 20 年没有明显的腐蚀，证明了这种方法的可行性。然而这种方法也存在很多缺点。

（1）不能保护氧化铁界面。腐蚀层剥落碎裂，毁坏了大炮上的所有装饰或特征点，仅留下严重损坏的表面。

（2）残余表面被氧化成铁锈红。

（3）升温改变了金属的冶金微观结构，将来不能再对铁器进行相关研究。

鉴于上述缺点，不建议使用这种技术。

2）氢气还原气氛

瓦萨号（Wasa）是一艘 1628 年的沉船，1961 年在斯德哥尔摩港整体打捞出水，巴克曼（Barkman）的保护工作证明，在 1 060℃ 的还原气氛中对铁器进行退火处理可以有效地稳定并保护铁器，使其回到金属状态，并通过升华去除腐蚀性氯化物。

将待处理铁器置于氢气炉中，通入氢气并加热，用一周时间使温度缓慢上升至 1 060℃。在这个温度下，所有水分都会被排出，所有的氯化物腐蚀化合物都会挥发掉。氢气把铁腐蚀化合物还原为金属状态，并与腐蚀产物中的氧结合形成水，水受热蒸发。近年来，氢气炉内温度已经降低。过去是把文物放入特制的炉子，炉内是 100% 干燥氢气或氢气与氮气的混合物，起初加热至 300℃，然后在数天内加热至 1 000℃（Barkman 1978：155 - 166）。

这种方法对金属表面的损伤非常小，然而还需要更多的实验来确定文物表面的不良变化程度。从时间和最终结果来看，这项技术似乎是清理海洋出水铁器的一个有效方案。

该技术的主要缺点是设备费用昂贵，并且没有足够大的氢气室来处理大型文物。目前，一些文保实验室使用热处理方法处理大量的炮弹类小型文物，只需少量手动操作。另一个缺点是氯化物从文物上去除时会产生大量的盐酸，盐酸会侵蚀窑炉内暴露的金属。由于盐酸雾会对窑炉金属部件造成危害，使得一些拥有工业窑炉的公司不愿意主动把设备提供给文保人员使用。

所有的热处理法都存在加热到高温时金属的冶金特性发生变化的问题。

在 800℃ 处理完全生锈的海洋出水铸铁器不会损失太多信息，因此可以在 800℃ 使用氢还原。而在锻铁上还原铁锈则是另一回事，关键在于残余的金属是否含有足够的碳，为冶金考古学家提供有用的信息。如果含碳量不够，尽管还是会发生一些变化，但在380℃进行处理是可以接受的。热处理的文物在微观上变化很小，肉眼几乎察觉不到。为确保在380℃下去除氯化物，处理时间必须超过60小时（Tylecote，Black 1980：95）。

只要文保人员遵循上述建议，就能克服氢气还原气氛中热处理的问题。主要的限制因素是窑炉成本高、固有的安全问题以及氢加热到超高温时的危险。然而这种处理方法可以去除文物中的氯化物并使文物保持稳定。

5. 氢等离子体还原

氢等离子体还原是一种相对较新的技术（Patscheider，Vepek 1986）。这种方法通过引入高频无线电波将氢气电离成等离子体，把铁器以及铜、银制品置于充满低压氢气的石英放电管中来进行保护处理。铁器位于氢等离子体的中心，铁表面上的磁铁矿和氧化铁被转化为金属铁。由于进行处理的温度低于400℃，所以铁的金属结构不会发生变化。

虽然初步结果令人鼓舞，不过这种保护技术的主要缺点是设备成本高（所有方案中最贵的），而且能处理的文物尺寸很小。

6. 水扩散

考古发掘的沉船中总会有一些文物无法用上述任何一种方法进行保护处理。文物只残存很少或者没有金属，即便还有金属，任何电化学或化学处理都可能会大大改变文物的形状。如果文物不能使用上述方法来保护，那么文保人员还有三个选择：利用水扩散去除氯化物；把文物嵌入塑料；或者依样铸造（见第十七章中浇铸和翻模部分）。

只有氯化物去除后，海洋出水铁器才可能保持稳定。电解还原法最方便，但如果文物严重氧化,而其整体形状和尺寸却保持完好,那么唯一的选择就是用慢得多的水扩散法来去除可溶性氯化物(Oddy,Hughes 1970)。"水扩散"这个名称确切地描述了其过程。把文物放入盛有水的容器,水要经常更换,其间可溶性氯化物会扩散到水中。水应每周更换一次,或者根据定性定量的氯化物测试来确定换水频率。由于水扩散法去除氯化物的时间极其漫长,所以只有在文物腐蚀严重或使用上述电解还原清理或者碱性亚硫酸盐处理可能会损毁文物时才考虑使用水扩散法。

水扩散法的处理时间很长,因此必须防止金属在水中生锈。碱性化学品,如5%碳酸氢三钠、5%碳酸钠或2%氢氧化钠溶液等都能抑制文物表面生锈,然而只有水才可以去除可溶性氯化物。含氯化物的铁器应持续浸泡在自来水中,直到溶液中的氯离子水平接近自来水中的氯离子水平,然后持续浸泡在去离子水中,直到去离子水溶液中的氯离子水平趋于平稳,并且换水之后计数不再上升。没有加入缓蚀剂的去离子水不能用水扩散法,因为它的腐蚀性非常强。

奥根(Organ 1955)认为,冷热交替能使金属和腐蚀层中的毛细管膨胀收缩,吸收和排出清水起到冲刷作用,从而加速氯化物的排出。但是从热膨胀系数的观点来看,冷热交替更有可能改变溶液的扩散度,而不是明显改变金属毛细管的大小。在某些情况下,这将缩短去除可溶性氯化物所需的时间。但是奥迪和休斯(Oddy,Hughes 1970:187)发现,在室温和50℃的条件下,清洗诸如铁器和青铜器类文物所需时间并没有显著差异。如果氯化物含量很高,需要花费数月甚至数年时间去除氯时,冷热交替循环有助于加速氯化物的去除。去除可溶性氯化物之后,铁器必须再施以最后保护步骤。

7. 最后的保护步骤

1)处理后的漂洗

任何经电化学、电解、化学或水扩散等方法保护处理后的文物,都必须漂洗去除不溶性氧化污泥、金属粉末、残余氯化物和化学残留（Plenderleit，Werner 1971：20）。用电解还原或水扩散处理文物，当溶液中的氯离子水平趋于稳定并在更换溶液后计数不再上升时取出文物，然后用数次冷热（沸腾）交替的去离子水彻底漂洗，去除任何残留的电解液和氯化物。沸水漂洗将金属表面氧化成平坦的黑色。铁器在去离子水中长时间漂洗会生锈，可以加入葡萄糖酸、葡萄糖酸钠或葡庚糖酸钠预防生锈。葡萄糖酸盐在漂洗过程中的防锈作用将在溶剂脱水干燥、加热干燥或空气干燥的过程中持续作用。皮尔逊（Pearson 1972a：13 - 14）使用 pH 值不低于 8.5 的铬酸钾溶液（1 000 ppm 铬酸盐）预防库克船长的大炮在漂洗过程中生锈。然而，铬酸盐溶液严格的处置要求使其无法大规模使用。无论葡萄糖酸盐或还是铬酸盐溶液都不能广泛应用，并且不使用它们也能取得令人满意的效果。不过，文保人员应该了解它们的作用，以备不时之需。

文物的最后一次漂洗需在容器中至少放置 24 小时。用漂洗水取样，用硝酸酸化，然后用 0.2 N 硝酸银做氯化物测试。建议进行硝酸银测试，因为这种方法快速、定性，并且对微量的氯化物非常敏感。假如测试结果为阳性，文物就需要继续电解或进一步漂洗。假如测试结果为阴性，那么便可干燥文物并用微晶蜡封护。

水扩散处理文物的漂洗程序类似。很多水扩散处理的文物本身就很脆弱，可能无法承受沸水的机械作用。对于此类文物，如果要加热漂洗水，则应保持在沸点以下，并添加葡庚糖酸钠作为防锈剂。

2）氯化物定性测试

硝酸银试验可以确定文物是否还残存氯化物（Plenderleith，Werner 1971：201）。将文物置于蒸馏水或去离子水中数小时或过夜。取 10～20 mL 溶液样品放在试管里，用几滴稀硝酸（约 10%）酸化。溶液混合后滴入 5 滴 0.2 N 硝酸银（17 g AgNO$_3$/1 L H$_2$O）。在黑色背景前观察试管，如果存在残余氯化物，溶液会呈现乳白色。在理想状况下，使用干净的玻璃器皿和未受污染的试剂，硝酸银试验可以定性判断氯化物是否存在。

3）干燥

漂洗完的文物在封护处理前必须先干燥去除水分。如果使用沸点高于水的蜡封护，可以不必干燥。干燥文物的方法有加热、真空干燥，或在水溶性醇或丙酮中脱水等。经过处理的铁金属表面处于反应状态，暴露在空气中很快就会生锈。为了防止生锈，应尽量避免与空气接触，直到文物表面涂刷单宁酸、封护剂或者绝缘涂层。有些时候在空气中的暴露是不可避免的，在加热（烘箱或红外线灯）干燥或真空干燥时尤其麻烦。红外灯对致密的文物不太有效，而烘干大型文物的烘箱和真空箱又十分昂贵。

另一种方法是使用乙醇、甲醇、异丙醇或丙酮等水溶性溶剂。推荐使用异丙醇，因为它无毒、闪点高且没有令人讨厌的气味。乙醇和丙酮与异丙醇效果类似，甚至更有效，但是它们有毒且闪点较低。所有这些溶剂都可以预防文物暴露于空气时生锈的问题，并适用于任何尺寸的文物。对金属残留很少的文物而言，理想的情况是在无氧环境（如醇提供的环境）中干燥，这样既能防止剩余的金属生锈，也能防止亚铁化合物氧化成三价铁状态，这两个反应都会导致文物膨胀和氧化层脱落。醇的优点还有促进去除文物上任何可溶性氯化物及残留水分。此外，当文物浸在乙醇中，可以通过刷洗去除所有污渍和不良特征。文物也可以长期储存在乙醇中，直至方便处理。

漂洗完成后，在水温未降低时取出文物并用抹布擦拭，这可以使大部分水蒸发。把文物浸入醇中，去除大部分剩余的表面水分。然后再浸没在无水异丙醇中脱水至少24小时。通过采取这些预防性措施，异丙醇溶液中的含水量将保持较低水平，可以重复使用。当异丙醇中的含水量变得过高时，用它做预漂洗，改用新的醇脱水。在物资短缺或价格高时，这些程序很有用。

4）封护和加固

处理后的海洋出水铁器表面必须覆盖保护层，避免金属受潮气、化学活性蒸气和其他各种气体的影响。应选择合适的具有防潮、防腐功能的封护剂或涂层。一般来说，密封剂应具备下列特征：①不受水蒸气和各种气体影响；②视觉效果自然，不会影响人工制品的外观；③可逆性；④透明或半透明，可以快速观察到金属表面的任何腐蚀。

　　过去使用过的多种单体封护剂的耐久性都不够，如丙烯酸酯、乙酸酯、环氧树脂、油漆、油、漆和其他各种封护剂等。这些封护剂大多会开裂、剥落、不可逆，或能被水汽高度渗透。没有哪种封护剂是完美的，其中微晶蜡最能满足文物保护的要求。微晶蜡熔点高、强度较好，是常用封护剂中水蒸气渗透性最差的一种（Rudniewski，Tworek 1963：212）。封护剂把文物表面与空气和水分隔绝，还能为文物提供相当的稳定性和强度，能很好地加固脆弱文物的物品。相较之下，一些实验室（North 1987：230）只在铸铁器上使用微晶蜡作为最后的涂层。我们建议在室内储存和展示的锻铁器上也使用微晶蜡。

　　文献中最常推荐的微晶蜡是 Cosmoloid 80 H。Gulf 75 微蜡和 Witco 180 M 微晶蜡熔点约在180℉，是很不错的替代品。建议在将文物浸入微晶蜡之前先用醇脱水。如果微晶蜡作为最后的封护剂，那么对于大多数铁器来讲，干燥的过程可以省略。可以直接把文物从漂洗的水中取出，放入加热至175℃的蜡槽中，这个温度远高于水的沸点。文物浸在蜡中的时间必须足够长且温度要足够高，使水分完全蒸发，文物表面不再出现气泡。大型文物可能需要数天完成脱水。完全渗透后，使蜡冷却至93～107℃，取出文物并迅速用抹布擦去表面多余的蜡。由于文物周围的液体是沸腾的，所以这种技术不适用于脆弱的或有松散氧化层的文物，脆弱的文物应该用前述方法中的某一种来干燥。除此之外，将除水和封护步骤结合在一起的方法可以节省时间和费用，效果也不错。

　　器物取出时的温度决定了蜡涂层的厚度。温度太低会导致蜡层过于明显，而温度太高则文物表面所有的蜡都会流失。如果冷却后有多余的蜡，可以用喷灯、热风枪去除，或者用刀轻轻刮去。用小刀刮是最简单的方法，在蜡膜上留下的痕迹也最不明显。可以用额外的蜡或者石墨蜡作为颜料覆盖金属表面的缺陷,改善腐蚀严重文物的外观。

很多实验室没有可以用微晶蜡来浸泡如大炮和锚等大型文物的设备,因此需要改用其他涂层。铬酸盐涂料、漆、透明环氧树脂、亚麻籽油和聚氨酯等都被用来试验过。一般来说,除了聚氨酯外其他的效果都不好。数月内涂层就会开裂、剥落,变得透水。不透明的涂层遮盖文物表面,文保人员不能观察到涂层下的腐蚀。而环氧树脂处理的文物表面过于光滑且不可逆,会对必须重新处理的文物造成进一步的损害。

聚氨酯系涂料或涂层是热塑性聚合物,作为铁器的保护涂层有很多优点。它们形成的涂层清透、快干、坚韧、有弹性、附着力极佳,并高度耐受潮湿、盐水、酸、碱、磨损和风化。涂层可以用芳香烃和氯化物溶剂如甲苯或二氯乙烷去除。聚氨酯涂料有高光和半光两种。高光聚氨酯含有更多树脂,因此更耐用,建议用在户外文物上。半光聚氨酯的树脂含量较少,添加了二氧化硅使文物表面更平整,但不如高光的耐用,通常推荐将其用在室内保管的文物上。用高光聚氨酯涂刷第一层,半光的涂刷第二层,并在其中一层或两层中添加石墨,可以获得半透明涂层,而不会影响文物的表面颜色。

对陈列于户外或空气非常潮湿又含有盐分的地区的大型铁器,推荐采用上述方式或使用聚氨酯涂层,它能提供最大限度的保护(North,Pearson 1975:177;Hamilton 1976:55;North 1987:230)。例如,一门从得克萨斯州墨西哥湾沿岸加尔维斯顿岛出土的内战时期大型 18 lb[①] 铸铁攻城炮在完成处理后需要进行封护,但实验室没有大体积的蜡槽,于是就在炮的表面涂上 20% 的单宁酸溶液,形成耐腐蚀的单宁酸铁膜。涂好的大炮在空气中氧化两天后,再涂上一层透明的高光聚氨酯,干燥后涂上一层半光聚氨酯,在高光和半光聚氨酯间添加石墨使表面

---

① 1 lb = 0.453 59 kg。——编注

光泽完全变暗，效果还不错。

Rust Oleum 鱼油系涂料效果也不错。相比聚氨酯 20 年的寿命，它的寿命只有 10 年（North 1987：230）。室内陈列锻铁器的封护，诺思（North 1987：231）建议使用透明磷酸锌，即防腐底漆涂第一层，然后涂上 6 层高耐久透明丙烯酸漆，最后涂上 Krylon 公司的哑光喷漆（North，Pearson 1975：177，North 1987：230）。室外展示大型文物的封护，汤森（Townsend 1972a：253）建议使用 3 份硅酸锌粉末与 2 份水的混合物。这种混合物是一种米色的涂料，氧化后变成浅海蓝灰色。这种涂料作为阳极对铁器提供阴极保护，并且据说对酸雾、雨、阳光和温度波动都有高耐受性。北卡罗来纳州涂覆了硅酸锌的大型船锚和其他文物已在户外展示多年，没有损伤。

文物上的微晶蜡可以放在沸水槽中轻易去除，其他所有封护剂在可逆性方面都存在一些问题。聚氨酯必须经喷砂去除，而 Rust Oleum 的鱼油涂料只能用氢氧化钠去除。使用方便、耐水蒸气、透明度好，又能够加固文物表面，这些优点让微晶蜡成为室内保存和展示铸铁、锻铁器的最佳封护剂。如果文物要在户外陈列，则建议使用聚氨酯，即涂料而不是微晶蜡。

对于腐蚀过于严重不能处理或者金属部分与有机物部分不能分离的复合材质器物，可以将其嵌入透明的塑料块中。史密斯和埃利斯（Smith，Ellis 1961：32‑35）记录了把一门锻铁回旋炮和一把西班牙战剑嵌入 Selectron 5000 树脂的过程。这种技术很极端，文物无法从塑料块中取出，但对于特定的、难处理的文物而言也不失为一个选择。

5）存储和定期检查

文物保护应当化学稳定且外观符合审美。如果文物需要其他的防护处理，那么保护过程必须是可逆的。通常只有在最佳条件下保管或储存文物，才能进行再处理。大气污染物、二氧化硫、硫化氢、氯化钠、粉尘和烟尘等都是有害物质，即便在密闭的建筑物内也难以控制。文物保存的相对湿度是影响其稳定性的特别关键的因素。腐蚀明显加速的湿度水平被称为临界湿度，一般认为铁和钢的临界湿度是 60%（Cornet 1970：443）。如果铁中还含有氯化物，那么湿度需要维持在50% 以下。如果相对湿度较高，文物再次腐蚀将不可避免。在规划文物保管设施时，应该考虑到所有潜在的腐蚀因素。

由于金属器最终可能出于种种原因而变得化学性质不稳定，可能需要额外的处理，因此有必要定期检查和评估。受保护的海洋遗址出水铁器归根结底仍旧是一块金属，跟其他铁块一样易受腐蚀，实际上更易受到持续腐蚀的影响。适当的保护并不能确保文物永久保存，就我们目前的知识水平，或许可以说，对文物进行保护的目的是尽可能地延迟再次处理的时间，并使任何必要的处理简单而简短。铁器保护仍有很大的改进空间，不过在目前的状况下，以上方法已能成功地应对大多数问题。

三、小　结

大多数海洋遗址出水铁器可以通过电解还原法来处理。这种方法用最少的廉价设备和化学药品达到使文物稳定的目的，同时需要手动操作的时间也最短。表面严重腐蚀的文物的腐蚀层在电解期间可能剥落，因此通常使用碱性亚硫酸盐处理法。氢气还原铁的方法较少见，但仍有少数实验室使用这种方法，这种处理方法的设备成本限制了其更广泛的应用。氢等离子体还原技术也有同样的问题。各种形式的强力漂洗有时会用在难处理的文物上，通常与其他处理法结合使用，但是不见得一定有效。

上述处理需要足够的空间和设备。基本设备包括各种可控的直流稳压电源、塑料和金属容器、阳极材料、电线、夹子、通风橱柜、气动凿、空气压缩机、叉车（如果要处理大型文物）、加热漂洗和上蜡的热源、pH 计和 X 射线仪。

第十二章

有色金属制品的保护

一、有色金属简介

考古遗址中常见铜、银、铅、锡、金等有色金属及其合金。这些金属用于制造艺术品、硬币、珠宝纽扣、航海仪器、烹饪器皿和小工具等各种实用制品。它们比铁稳定,因此保存状况比铁器要好。然而,不同金属在不同环境下的腐蚀状况也各不相同。这里只讨论海洋出水金属保护的技术方法。

海洋出水的物体常被凝结物包裹。有色金属上的凝结物一般比铁器上的要薄很多。然而,这些金属制品往往与铁器凝结在一起。处理金属制品前,需先完成下列保护步骤:①初始信息记录;②储存;③去除凝结物;④状况评估。下面将按金属材质,即铜、银及其合金,铅、锡及其合金来分别讨论具体的处理方法。

二、有色金属的储存

海洋遗址中经常见到不同材质的金属制品固结成块的现象。在这种情况下,文物储存时,首先保护最活泼的金属,固结在一起的其他金属和非金属制品就不太容易受到伤害。因为铁器最为常见,所以多采用储存铁器的条件。然而,金、银、镴、黄铜、青铜、红铜、铅等文物,以及瓷器、石器、玻璃、骨质品、织物、种子和木材等常以各种组合方式固结在一个结壳里。在某些情况下,浸在淡水里是储存凝结物最好的方法。一旦各类器物从凝结物中分离出来，就要把它们保存在各自最适宜的环境中。如前所述，铁器至少应储存在避光的碱性溶液中，而其他金属制品则不同。

1. 铜、银

1) 铜

氧化性溶液和强碱溶液能腐蚀铜。在中性或弱碱性溶液中铜会钝化，文物表面会形成氧化膜从而防止腐蚀。建议用5%的碳酸氢三钠或碳酸钠溶液储存铜器。

2) 银

只要环境中没有氧化性物质，银在任何pH值的溶液和空气中都是稳定的。由于氯化物不会腐蚀银或铅，因此无须浸泡在水溶液中，银器去除凝结物后可直接干燥存放。去除凝结物前，最好将银器浸泡在适宜的溶液中，以防凝结物变得更硬而难以去除。银器和铁器一起储存在5%的碳酸氢三钠或碳酸钠溶液中是安全的。当银和铁的凝结物储存在铬酸盐溶液中时，会形成棕色的 Ag_2O 膜。尽管 Ag_2O 膜在保护处理时可以去除，但单独储存银器时不建议使用铬酸盐溶液。

2. 铅、锡、镴

铅、锡、镴更容易储存。它们常干燥储存，但是凝结物变干后会变得更硬而难以去除，因此铅、锡、镴可储存在水溶液中。如果没有钝化剂，铅会被水溶液腐蚀，绝不能浸泡在软水、去离子水或蒸馏水中。铅在硬水和碳酸氢盐水溶液中耐腐蚀，且锡和镴在弱碱性溶液中会钝化，因此可以用自来水储存，并添加碳酸氢三钠，将pH值调节到8～10之间。铅和镴还可存放在pH值为11.5的碳酸钠溶液中。锡在不含氧化剂的弱碱性溶液中耐腐蚀，但会和强碱溶液发生不良反应。任何 pH 值大于 10 的碱性溶液对锡都有潜在的危险。由于铬酸盐具有氧化作用，铅、锡及其合金如镴等不应储存在铬酸盐溶液中，否则会在文物表面形成难以去除的橙色铬酸盐膜。如果没有钝化剂，铬酸盐等氧化剂会对铅、锡及镴质文物造成损害。

第十三章

铜器的保护（红铜、青铜、黄铜）

一、铜金属的腐蚀

"铜器"是指由铜或主要成分为铜的合金所组成的所有金属,如青铜(铜锡合金)和黄铜(铜锌,经常还含铅的合金)。这个词并不说明铜的价态,如 2 价铜或 1 价铜等。铜器相对较稳定,常能在恶劣条件下保存下来,包括能使铁完全氧化的长期被海水浸泡的环境。铜器与环境反应会生成类似的腐蚀产物,如氯化亚铜($CuCl$)、氯化铜($CuCl_2$)、氧化亚铜(Cu_2O)以及蓝绿色碳酸铜,孔雀石($Cu_2(OH)_2CO_3$)和蓝铜矿($Cu_3(OH)_2(CO_3)_2$)(Gettens 1964:550 - 557)。海洋环境中最常见的两种铜腐蚀产物是氯化亚铜和硫化亚铜。铜合金的锈蚀变化比纯铜要复杂得多。

铜及铜合金电化学腐蚀的第一步是生成亚铜离子。亚铜离子随后与海水中的氯离子结合生成氯化亚铜,是腐蚀层的主要成分。

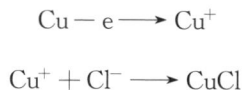

$$Cu - e \longrightarrow Cu^+$$

$$Cu^+ + Cl^- \longrightarrow CuCl$$

氯化亚铜是非常不稳定的化合物。当含有氯化亚铜的铜器出水后并暴露在空气中,会继续化学腐蚀过程。氯化亚铜在水和氧气存在时,水解生成盐酸和碱式氯化铜(Oddy,Hughes 1970:188):

$$4CuCl + 4H_2O + O_2 \longrightarrow CuCl_2 \cdot 3Cu(OH)_2 + 2HCl$$

盐酸继而侵蚀未腐蚀的金属,生成更多的氯化亚铜:

$$2Cu + 2HCl \longrightarrow 2CuCl + H_2 \uparrow$$

反应一直持续,直到金属消亡。此类化学腐蚀过程通常称为"青铜病"。所有被氯污染的铜质文物的保护需要抑制其氯化物的化学反应,要么去除氯化亚铜,要么把它转化成无害的氧化亚铜。如果不抑制氯化物的化学反应,铜器会随着时间的推移自毁殆尽。

海水中的铜器在硫酸盐还原菌的作用下还会生成硫化亚铜和硫化铜(Cu_2S 和 CuS)(Gettens 1964:555 - 556;North, MacLeod 1987:82)。在厌氧环境中,硫化铜产物通常呈最低的氧化态,硫化亚铁和硫化银也是如此。铜器出水后暴露在空气中,硫化亚铜会继续氧化成硫化铜。整个化学反应与前述铁器的过程类似。

海洋凝结物中提取出的铜器表面难免覆盖着不同厚度的黑色粉状硫化铜层,严重影响外观。有时腐蚀过程在文物表面会形成凹坑,这种现象在铜合金上更加常见。合金里的锡或锌首先被腐蚀。文物出水之后,稳定的硫化铜不会像氯化铜那样对文物产生不利影响,硫化铜仅使铜变色,在金属表面形成不自然的外观。用商业清洁溶剂,如甲酸或柠檬酸等很容易就能把硫化铜去除(可见 North 和 MacLeod 1987 关于海洋环境下红铜、青铜及黄铜锈蚀的详细论述)。

二、铜金属的保护

铜和以铜为主要成分的合金通常采用相同的保护方法。合金中铅或锡的含量较高时需要特别小心。铅和锡为两性金属,溶解于碱性溶液。尽管有相当多的化学处理方法可以保护红铜、青铜和黄铜,但对于海洋出水铜器而言,效果并不理想。下面将介绍三种有效的化学处理方法。更多信息请查阅相关参考文献。

在某些情况下，需要机械去除文物上的大块结壳和锈蚀物，才能看到残存的金属表面。机械清理海洋出水铜器比较方便，因为在金属原始表面与海洋结壳之间会有一条缝隙。当从大块凝结物中分离文物时，如果文物较脆弱或为避免损伤表面，通常会故意保留文物表层附着的结壳。剩余的表层结壳小心地用机械清理并在水中漂洗即可去除。或者将文物浸泡在5%～10%的柠檬酸溶液中，并添加1%～4%的硫脲作为防止金属腐蚀的缓蚀剂，亦可去除所有黏附的凝结物（Plenderleith，Torraca 1968：246；Pearson 1974：301；North 1987：233）。慎用柠檬酸，因为柠檬酸会溶解文物的铜及亚铜化合物。文物完全浸没在溶液中，直至凝结物全部去除。处理过程可能需耗费一小时到数天，在此期间应搅拌溶液以保证酸的浓度均匀分布。

若某件文物非常薄、易碎、有精致的纹饰，或几乎甚至完全矿化，那么任何酸处理法都过于剧烈。在这些情况下，可把文物浸泡在5%～15%的六偏磷酸钠溶液中（Plenderleith，Werner 1971：255），将凝结物中不溶性的钙盐和镁盐转化成可溶性盐，然后用水漂洗去除。

氯污染的铜器在必要的初步处理后，接下来需要防止氯化物的不良化学作用。下列方法可以去除氯化物：

（1）去除氯化亚铜。

（2）将氯化亚铜转化成无害的氧化亚铜。

（3）使文物上的氯化亚铜与空气隔绝。

可行的处理方法包括以下几种：

（1）电偶清理。

（2）电解还原清理。

（3）碱性连二亚硫酸盐处理。

（4）化学清理：① 碳酸氢三钠；② 碳酸钠；③ 苯并三氮唑。

前三种方法可去除氯化亚铜并将一些锈蚀物还原成金属态，但是最好用在还存在金属芯的文物上。如果使用得当，文物将稳定并保持近似其原始的、未腐蚀时的外观形式。若使用不当，则会造成腐蚀层剥落，仅剩金属芯。杰德泽耶斯卡（Jedrzejewska 1963：135）强调，剥离可能会破坏重要的考古信息，尤其是电解导致的剥离，比如工具痕迹、雕刻线条、装饰元素等，也可能改变文物的原始形状。因此，所有金属制品上的腐蚀层都不能任意去除。应当用精确受控的电解还原法或碱性连二亚硫酸盐法进行处理，力求原位保存腐蚀层。化学清理法不会剥离腐蚀层。在碳酸氢三钠溶液中漂洗去除文物上的氯化亚铜，苯并三氮唑和氧化银隔绝氯化亚铜和空气。化学方法适用于保存完好或完全矿化的文物。

1. 电偶清理

此方法的操作过程与前文铁器部分的描述一致。一般认为这种技术已经过时，只适用于少数情况（见第十章铁器电偶清理部分）。

2. 电解还原清理

铜金属的电解还原与铁器一致。可用 2% 氢氧化钠或 5% 碳酸钠作为电解液，5% 甲酸作为电解液也能获得满意的效果。可以使用低碳钢作为阳极，如果电解液是甲酸，则用 316 不锈钢或镀铂钛作为阳极。

电解池装置与铁器或银器（见第十四章）相同。

目前尚无铜器最佳电流密度的精确数据。普伦德莱思和沃纳（Plenderleith，Werner 1971：198）认为，为防止文物上沉积红色的铜膜，电流密度不应低于 $0.02 \ A/cm^2$。基尔（Keel 1963：24）认为电流密度超过 $0.01 \ A/cm^2$ 会对铜器造成损伤。皮尔逊（Pearson 1974：301－302）认为用电解还原法处理海洋出水矿化青铜器时需格外谨慎，防止析氢作用破坏文物表面。无论是否在上述给定范围内，电流密度视金属种类而定。诺思（North 1987：238）建议采用前述处理铁器时的析氢电位。一般来说，处理铁器的电流密度同样适用于铜器。处理过程的主要区别在于铜的电解脱氯处理时间明显少于铁器。钱币之类的小件铜器仅需电解几小时，而火炮之类的大型铜器则可能需要好几个月。

3. 碱性连二亚硫酸盐处理

这种方法是为加固矿化的银器而研发的，后来发现也适用于铜器。具体操作可参见第十四章银器的保护。碱性连二亚硫酸盐法会破坏铜器表面上的铜绿，但也能在最短时间内有效去除大部分氯化物。此外还能将部分铜的腐蚀产物还原成金属。

4. 化学清理

许多含氯化物铜器不能用任何还原方法处理，例如有大量粉状锈蚀、得了青铜病的青铜器，矿化严重的青铜器（无论是否存在氯化亚铜），没有金属芯的青铜器，纹饰和特征已矿化的青铜器等。有三种的化学处理可用于稳定这类文物并且保持腐蚀层完好，分别是碳酸氢三钠处理法、碳酸钠处理法、苯并三氮唑处理法。

1）碳酸氢三钠处理法

铜及其合金中的氯化亚铜不溶于水，单独用水清洗无法去除。当青铜或其他铜合金浸泡在5%的碳酸氢三钠溶液中时，碱性溶液中的氢氧根离子与不溶的氯化亚铜发生化学反应生成氧化亚铜，中和水解过程中产生的盐酸副产物生成可溶的氯化钠（Organ 1963b：100；Oddy，Hughes 1970；Plenderleith，Werner 1971：252-253）。更换浸泡的溶液以去除氯化物，然后持续漂洗直至氯化物完全去除。随后在去离子水中浸泡数次直至溶液 pH 值呈中性。

在实际操作中,在浸入 5% 的碳酸氢三钠溶液前,可先机械清理去除金属表层的腐蚀物。最初的浸泡可用自来水来配制碳酸氢三钠溶液,后续再改用去离子水。若氯化物含量较高,可一直用自来水配制溶液,直到溶液中的氯化物水平与自来水的氯化物水平接近为止。后续改用去离子水。这种方法对于需要进行数月处理的文物来说非常经济。

最初溶液需每周更换一次。随着处理持续进行,溶液更换的间隔可以延长。通过硝酸汞滴定法监测溶液中氯化物的含量,以便文保人员精准确定溶液的更换频率。不同于定量的氯化物测试,定性的硝酸银测试可用来判定氯化物是否已完全去除。这种清理过程比较缓慢,可能需要数月甚至数年的时间。

文保人员经常采用碳酸氢三钠处理。与其他清理方法不同,它不会去除铜器表面的绿色铜锈。这种方法可能会促使文物表面形成蓝绿色的孔雀石沉积而加深铜绿色。如果处理过程中生成孔雀石沉淀,用文物刷去除沉淀物。对于某些青铜器而言,此方法可能会导致表面变黑从而掩盖原来的铜绿,并且难以消除。变黑是由于生成了黑色的氧化铜,这似乎是某些铜合金的固有特性。

2)碳酸钠处理法

上述碳酸氢三钠法适用于氯化物污染的脆弱铜器以及需要保留铜绿的铜器。然而在实践中,文保人员发现碳酸氢三钠法常会加深铜绿的颜色,使之变得更蓝,有时也会使铜绿变暗或变黑。

对于碳酸氢三钠法,魏瑟尔(Weisser 1987:106)评论道:尽管最初看来碳酸氢三钠的处理似乎很理想,可以保留外腐蚀层的同时将氯化亚铜去除,但是这种方法也有不少缺点。首先,转化所有的氯化亚铜可能需要一年多的时间,这会引发其他问题。例如碳酸氢三钠会与铜形成络合离子,最先把铜从剩余金属中去除(Weisser 1975),长期来看这会破坏铜器的结构。此外,某些碳酸盐的混合物,包括铜绿上形成的蓝铜钠石(一种蓝绿色的水合 Na - Cu 碳酸盐)等,似乎会取代铜绿中的其他铜盐(Horie,Vint 1982),造成铜器的颜色从孔雀绿转变成蓝绿色。

在笔者的研究中,曾在器物横截面上发现这种蓝绿色从外部的锈蚀层一直延伸到底层金属。

魏瑟尔(Weisser 1987：108)的结论如下：对文保人员而言,稳定活性腐蚀的考古青铜器仍然是一个难题。目前已知的处理方法都不太理想。文保人员可以选择碳酸钠预处理和苯并三氮唑处理相结合的方式。这种方法的结果有成有败,需谨慎使用,直至彻底查明问题并研究透彻。不能用这种方法进行稳定化处理的青铜器,需将其存放或展示在低湿度的环境中。事实上,如果可能的话,建议所有青铜器都应存放在低湿度的环境中,因为青铜病处理的长期有效性尚未得到证实。

魏瑟尔建议,若前期苯并三氮唑处理没有成功,可用蒸馏水配制的 5% 的碳酸钠溶液处理。碳酸钠会去除蚀坑中的氯化亚铜并中和盐酸。碳酸氢三钠会成为铜的络合剂,但是碳酸钠与铜金属的反应相对缓慢。尽管如此,在某些情况下,铜绿的颜色仍会发生轻微变化。

3）苯并三氮唑处理法

铜器保护时使用苯并三氮唑(BTA)已经是一个标准流程。BTA 常用于稳定化处理之后和最终的封护之前,在某些情况下也可作为独立的保护措施。保护海洋出水铜器,除了使用 BTA 外,通常还需用电解还原或碱液漂洗等方法来去除大量的氯化物。对于淡水遗址出水文物则仅使用 BTA 即可。

用 BTA 进行处理不能清除文物中的氯化亚铜,而是在氯化亚铜和空气中的水分之间形成一道屏障。在此过程中,苯并三氮唑和铜离子形成不溶性的络合物(Madsen 1967；Plenderleith，Werner 1971：254)。这种不溶性络合物在氯化亚铜上沉积形成隔离,阻挡任何可能激活氯化亚铜并导致青铜病的水分。大英博物馆的试验表明,如果有活性青铜病存在,氯化亚铜在腐蚀层中分布太广泛,试图用 BTA 稳定文物可能会失败。

处理时将文物浸泡在用乙醇或水配置的 1%～3%BTA 溶液中。通常文物在真空状态下浸泡 24 小时的效果最好。如果文物浸泡在溶液中的时间超过 24 小时，则用去离子水配制 1%浓度的 BTA 溶液即可满足需求。若要缩短处理时间，则建议采用乙醇或水配制 3%浓度的 BTA 溶液。在某些情况下若处理时间较短，则乙醇是首选。乙醇配制溶液的主要优点在于渗透裂缝和裂隙的能力比水强。当文物从溶液中取出时，需用浸透乙醇的抹布擦拭以去除多余的 BTA，随后文物就能暴露在空气中。若出现任何新的腐蚀，重复上述过程直到不再发生不良反应（Green1975；Hamilton 1976；Sease 1978；Walker 1979；Merk 1981）。

必须强调，BTA 处理不会去除文物中的氯化亚铜，它只是在氯化亚铜和空气中的水分之间形成隔离层，因此，对于氯化物严重污染的文物，如海洋出水铜器等，在进行 BTA 处理前必须先用碳酸氢三钠或碳酸钠处理来保证文物的长期稳定。BTA 是可疑致癌物，应避免与皮肤接触，也不能吸入粉末。

5. 最终处理及封护

在电解还原或化学清理之后，用热的去离子水漂洗文物直至溶液的 pH 值呈中性。因为铜在水中会失去光泽，故皮尔逊（Pearson 1974：302）建议用改性乙醇浸泡来漂洗文物。若用水漂洗，则 5%甲酸可去除文物表面暗斑或用湿的碳酸氢钠糊剂抛光该区域。

漂洗后，将铜器抛光，然后用 BTA 进行处理。接下来，将文物放入丙酮或水溶性醇脱水，最后涂覆透明的丙烯酸漆或微晶蜡。从易用性、耐久性和实用性角度考虑，推荐使用 KrylonClear 的 1301 号丙烯酸喷雾（Krylon Clear Acrylic Spray No. 1301）。为了提高防腐性能，皮尔逊（Pearson 1974：302）建议在脱水的醇或封护漆中添加 3%BTA。也可使用微晶蜡，但在多数情况下，微晶蜡与丙烯酸漆相比并无优势。

三、小　结

这里所讨论的方法适用于所有从海洋遗址发掘出水的含铜金属制品。实际上只有电解还原法、碱性连二亚硫酸盐法和碱液漂洗法能去除氯化亚铜,因此这些处理法的持久保护性最强。

通常避免用电解还原法来清理黄铜和青铜等铜合金文物,因为电解还原不仅会去除铜绿,并且可能把从腐蚀物中还原的铜镀到合金的表面,改变文物的颜色。然而,对于从海洋环境出水的铜器而言,电解还原提供的化学稳定性常常优于美学的考虑。历史上成功应用电解还原技术处理铜器的案例表明,对于海洋出水的铜、黄铜或青铜器而言,电解还原是最快、最有效并且最持久的处理方法,尤其适用于大型文物,比如火炮等。

碳酸钠和碳酸氢三钠法处理所需的时间极长,因此使用有限。碳酸钠预处理后使用 BTA 法的效果也令人满意,但仍需进行更多的实验才能下最终结论。碱性连二亚硫酸盐法也可以有效地保护铜合金。

无论采用何种预处理方式,BTA 处理是所有铜器保护不可或缺的一环。通常用上述任何方法有效处理后再施以 BTA,最后封护并存放在适宜的环境中,文物将会保持稳定。

第十四章

银器的保护

一、银器的腐蚀

银是一种贵金属,在自然界中通常与金、锡、铜和铂等以化合态的形式存在。只要没有氧化剂或络合剂,银在任何 pH 值的水溶液中都是完全稳定的。银若不含臭氧、卤素、氨或硫化合物,也不会受干燥或潮湿空气的影响(Pourbaix 1966:393;Plenderleith,Werner 1971:239)。银特别容易受硫化物自由基的影响。一旦暴露于任何形式的硫,银就会变黑,尤其是可转化为硫酸的硫化氢和二氧化硫。

海洋环境中含有丰富的可溶性硫酸盐和耗氧的腐烂有机物,硫酸盐还原菌在厌氧条件下利用硫酸盐生成硫化氢作为代谢产物。硫化氢与银反应生成硫化银。反应过程与前述铁器类似:

$$2Ag + H_2S \longrightarrow Ag_2S + H_2 \uparrow$$

在厌氧海洋环境下,硫化银(Ag_2S)是银最常见的矿物蚀变产物(North,MacLeod 1987:94),也是海洋遗址银器上最普遍的腐蚀产物,常见于加勒比海和澳大利亚的沉船发掘报告。大多数海洋出水银器上都有薄薄的硫化物表层,会消除铭文、标记和印记等细节。不仅如此,很多银器会完全转化成硫化物,或只残存少量金属。

有氧海水中银及银合金上最常见的腐蚀产物是溴化银($AgBr$)。可能还有不定量的氯化银（AgCl）及硫化银（Ag₂S）（North，MacLeod 1987：94）。海洋出水银器上通常不会有太多的氯化银。格滕斯（Gettens 1964：563）指出，有时海洋出水银币的表面会转化成氯化银。环境条件介于有氧和厌氧之间的海洋遗址中，银的主要腐蚀产物类型均可能存在（North，MacLeod 1987：94－95）。在纯度较高的银器中，硫化银（Ag₂S）和氯化银（AgCl）是腐蚀物的主要成分。而在铜含量较高的银合金中，铜会优先被腐蚀生成氧化亚铜、碳酸铜和氯化亚铜。在这种情况下需将银合金文物视为"铜器"来处理。

不论银的腐蚀产物是哪一种，它们都是稳定的，不会与剩余的银发生进一步的腐蚀反应。事实上，腐蚀层可避免金属的进一步腐蚀，起着一定的保护作用。此外，腐蚀层形成的包浆还能增加外观的古意和美感，因此通常予以保留。处理银器是为了去除腐蚀层以揭露细节，或是为了美观将矿化产物还原成金属态，或是去除银合金中含铜的氯化物。

二、银器的清理

保护处理前必须先机械去除海洋凝结物，有时候也可通过浸泡在 10%～30%甲酸溶液中去除。清理银及银合金的方法有以下几种：

（1）电偶清理。

（2）电解还原清理。

（3）碱性连二亚硫酸盐法。

（4）化学清理。

（5）稳定与加固。

1. 电偶清理

电偶法清理银器可通过在烧碱溶液中使用锌粒或铝箔的方式来完成，与前述铁器的处理类似。也可用锌粒或铝箔与加热的 30% 甲酸溶液来进行（Plenderleith，Torraca 1968：241-246；Plenderleith，Werner 1971：197,221）。处理完成后充分漂洗文物，随后用水溶性溶液脱水干燥，最后用透明的丙烯酸漆封护。电偶清理法虽然有效，但效果不如电解还原法及碱性连二亚硫酸盐法。

2. 电解还原清理

银器的电解清理是利用电解中的还原反应去除氯化银和硫化银中的氯离子和硫离子。接通直流电时，带负电荷的氯离子和硫离子移向带正电荷的阳极。氯化物会生成氯气，硫化物被氧化成硫酸盐。由于阴离子不与惰性阳极反应，它们在电解液中累积并随溶液的更换被去除。在此过程中，银从腐蚀化合物还原成金属态。

在文物保护文献中提到了两种电解还原的清理方法：即奥根（Organ 1956）提到的常规还原及加固还原。常规电解还原使用全整流直流电源（DC），加固还原使用的部分整流（不对称）交流电源（AC）。这两种方法都要求文物中存在金属芯。得克萨斯农工大学保护研究实验室主要采用 5% 甲酸溶液的常规还原法，基本步骤参考普伦德莱思和沃纳（Plenderleith，Werner 1971：222）的论述。

下面将对两种方法进行介绍。

1）常规还原

（1）电解液。

清理银器使用的电解液有两种：甲酸（HCOOH）和氢氧化钠（NaOH）。尽管去离子水制备的 5%～30% 的 HCOOH 溶液和 2%～15% 的 NaOH 溶液都可作为电解液（Organ 1956：129；Plenderleith，Werner 1971：222；Pearson 1974：299），清理银器一般采用 5% 的 HCOOH 溶液或 2% 的 NaOH 溶液。

（2）电流密度。

无论电压或装置条件如何，银很容易在电解中还原。诺思（North 1987：240）

观察到,较大电压范围中电解还原银的效果都不错,电解时的电压似乎不是关键因素。由于待处理的文物数量和大小尺寸不尽相同,皮尔逊(Pearson 1974:299)建议调整电流使电压大约在 3 V。普伦德莱思和沃纳(Plenderleith,Werner 1971:198)认为,电流密度不应低于 0.02 A/cm^2,以防止腐蚀产物、阴极材料和铜导线中的铜沉积在文物表面形成红色的铜膜。通过一系列实验,奥根(Organ 1956:34)发现,相较于高电流密度,30~50 mA/cm^2(0.3~0.5 A/cm^2)的低电流密度可以还原更多的银。奥根(Organ 1956:129)推荐的低至 0.01 A/cm^2 电流密度的处理效果也不错。在多数情况下,奥根建议的极低电流密度范围是电解清理银器过程中还原银金属的最佳方案。

(3)阳极材料。

处理银器时优选镀铂钛和 316 不锈钢等惰性阳极。一些早期文献曾推荐使用碳阳极,但因为它总是溶解在电解液中,现已不再使用。镀铂钛在碱性和酸性电解液中都适用,推荐使用酸性电解液,因为它几乎是完全惰性的,不与电解液发生反应。不过,镀铂钛成本极高,从而限制了它的广泛应用。如果使用甲酸作为电解液,则 316 不锈钢阳极和镀铂钛效果相似。而在氢氧化钠溶液中长时间电解,不锈钢阳极会氧化,导致阳极毁坏并且铁会沉积在银器表面。低碳钢阳极可用于氢氧化钠电解液,不过它不能用于甲酸,因为低碳钢在甲酸中会迅速分解从而导致铁在银器上的沉积。

(4)阴极连接。

清理银器的电解槽设置可用与前述铁器一样的方式。在清理铁器时,文保人员通常用夹子连接起文物与阴极,或把文物夹在两个悬浮的阳极之间[见图 11.1(d)]。这种电解装置适合一次处理多件文物,也可用于钱币和其他小型文物的处理。在电解处理银器时,为了不刮伤文物表面,文保人员可能不希望用夹子连接小件银器,尤其是那些特别脆弱的钱币和精致的珠宝。在这种情况下,可以用铜网制成阴极导体屏连接文物和阴极(见图 14.1)。待清理的文物与连接到

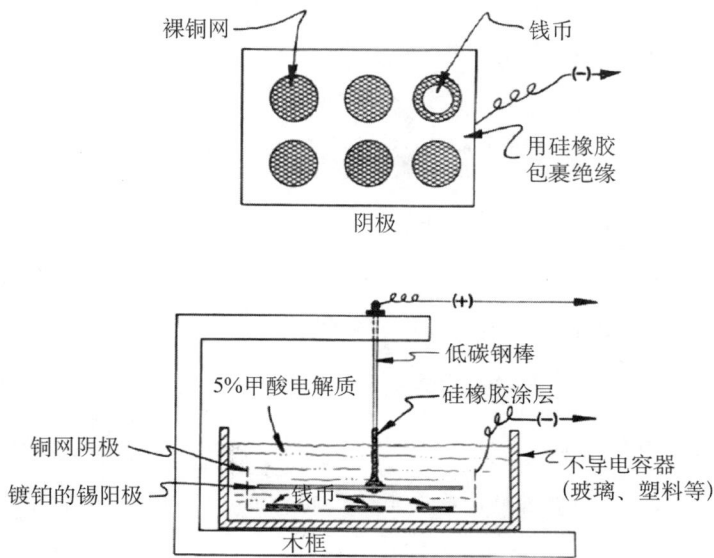

图 14.1 清理银币等小型文物的电解装置

负极的阴极屏发生电接触。需要用硅胶覆盖阴极屏上未与文物连接的区域。硅胶隔离文物,并减少铜表面暴露的面积,最小化铜镀到银器表面的问题。

(5) 处理流程。

在电解清理前,需用小型气动凿去除银器表面凝结物并充分漂洗。小型文物的电解装置如图 14.1 所示,该装置适用于清理银币,但也适用于清理任何小型银器或其他有色金属器。该装置由玻璃容器、铜网阴极导体屏、支撑阳极的木质支架以及与低碳钢棒连接的镀铂钛或 316 不锈钢阳极组成。低碳钢棒表面包覆硅胶,确保只有镀铂钛或不锈钢作为阳极发挥作用。把文物放在阴极屏上后接通电流,并添加 5% 的甲酸作为电解液。为防止电解液中的盐被镀到文物表面,只要文物在电解液中就绝不能断开电流,这将大大减小铜被镀到银器表面的问题。在保持通电的情况下,需定期取出文物并在去离子水中刷洗,并蘸取 0.2 N 的硝酸银溶液去除表面的镀铜和硫化物。然后将文物翻面放回阴极屏上持续电解,直到文物的两侧外观均匀,氢气从表面充分析出。钱币之类的小型文物通常仅需数小时的电解。大型银器或外形不规则的文物也可用同样的方式清理,但是要使用夹子连接负极而不是阴极导体屏。

（6）在甲酸中的还原。

奥根（Organ 1956）做了一些关于银器还原技术和方案的详细试验。他建议采用30%甲酸水溶液进行常规电解还原,因为电解液对银器没有不利影响,电解后只需最少的冲洗（得克萨斯农工大学保护研究实验室的实验结果表明5%甲酸溶液就够了）。奥根观察到,当用甲酸作为电解液、电流密度为 1 A/cm² 时,银离子被还原,文物外部腐蚀层剥落,原始表面露出。因此,腐蚀层中仍保留有原始表面的银器常用甲酸电解液处理。这种方法对有实质性银金属芯是有效的。在电解过程中,甲酸中的银腐蚀物还原后留在金属表面呈颗粒状层或微粒状层,物理强度较弱,易与金属芯剥离。为了保留文物细节,需用透明的丙烯酸漆封护文物表面。因为腐蚀层是粉粒状,因此用甲酸电解还原的银器常常容易变黑、变脆和发硬。然而还原后的黑色银器是稳定的,腐蚀产物完全被清除,外观“古老”。若需要增加表面的亮度,可用碳酸氢钠糊剂、细玻璃纤维刷或擦银布轻轻抛光。

（7）在氢氧化钠中的还原。

在3%～15%的氢氧化钠水溶液中以较低的电流密度（10～50 mA/dm²）电解银器,能还原出牢固、坚硬、可抛光的银金属（Organ 1956：135）。还原的银能保留原始腐蚀层表面的细节和纹理,但是布满孔洞且并不具有延展性。最近的试验表明,氢氧化钠电解液比甲酸更有利于彻底还原银。

2）加固还原

全整流直流电（fully rectified direct currents）一直用于金属保护、电镀和电池充电。然而数年前的研究发现,少量的反向电流（也称为部分整流或不对称交流电）可使电镀层更加平滑,加速电池充电速度并延长电池寿命。奥根（Organ 1956）最早提出这种技术,并将其命名为“加固还原”。

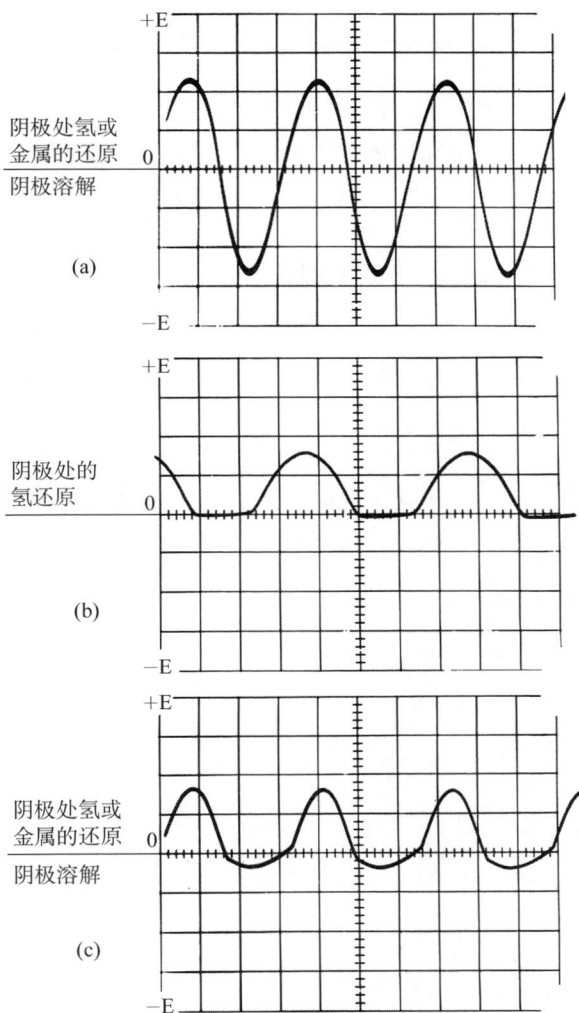

图 14.2　加固还原

　　有三种感应电动势电流：交流电（AC）、直流电（DC）及不对称交流电（见图 14.2）。在每个交流电周期内［见图 14.2(a)］有等量的正向电流（电流从负极流向正极）和反向电流（电流从正极流向负极），因此交流电有对称的正弦波形。如果采用交流电电解文物，由于交流电的正负极不断变化，在前半个周期中金属和氢气沉积，阴极腐蚀产物中的金属被还原，随后在另半个周期内，电流逆转方向，原来的阴极变成了阳极，前半周期中沉积或还原的金属和氢气就会被溶解。整个过程并没有金属被还原出来。

而直流电的电流只有一个方向，所以可以在阴极处发生还原和沉积[见图14.2(b)]。用直流电进行常规还原时，金属和氢在被处理文物表面还原，但在此过程中，阴极会因在其表面生成和积聚的氢气气泡而发生极化。氢气会使文物部分区域的表面绝缘，而剩余区域仍与电解液直接接触。因此，极化会导致新还原的金属发生不均匀沉积并形成细微的孔隙。

电解后用去离子水漂洗文物。如果使用了碱性电解液，漂洗务必要强力彻底，以防止文物产生白色沉积。漂洗后的银器可用热风干燥或用丙酮脱水，然后涂刷透明的丙烯酸漆（如 Krylon 1301）封护。

当加固还原时，常使用10%～20%反向电流和80%～90%正向电流的不对称交流电。在电解过程中，净效应是快速、连续的还原和溶解循环[见图14.2(c)]。在每个循环的90%正向周期中，腐蚀产物中金属被还原，之前的反向周期中溶解的金属重新沉积。而在10%的反向周期中，前期还原或沉积的金属部分溶解。电流每秒会反转120次，但90%的正向电流的重点在还原和沉积而不是溶解。在此过程中，阴极极化现象被最小化。

奥根（Organ 1956）使用不对称交流电，在氢氧化钠电解液中将一把完全矿化的银质乌尔里尔琴（Urlyre）从氯化银还原成块状金属银，同时保留了腐蚀层的表面细节。相较采用全整流直流电的常规电解技术而言，用此方法还原的银更易延展且更均匀。奥根使用了3%的氢氧化钠溶液作为电解液、碳棒阳极和极低的10 mA/dm^2（1 mA/cm^2）的电流密度来还原银，并防止氢气快速析出对还原银造成不利影响。

对于严重或完全腐蚀的银器，为了获得最好的还原效果，可以将阴极导线放在器物的一侧，并用蜡或聚甲基丙烯酸甲酯包覆暴露的导线。这样能够确保电流从电解液流向阴极时，通过腐蚀金属，氢气在矿化金属的表面释放并将其还原。奥根（Organ 1956）用这个技术使完全矿化的银器上的非金属、导电性差的氯化银建立电接触。该技术同样适用于只剩下很薄一层金属芯的银器。在整个过程中可能需要好几周。原始表面外部的腐蚀层在原位被还原，所有表面细节得以保留。由于这种技术保留了外部腐蚀层的表面,故不适用于原始表面隐藏在腐蚀壳中的文物。电解还原后,将文物用冷的去离子水漂洗以去除所有的碱,然后涂覆合适的封护剂。

更多关于加固还原的发展和应用方面的细节参阅奥根的著述(Organ 1956:137-144)。普伦德莱思和沃纳(Plenderleith,Werner 1971:223-226)总结了加固还原技术,查拉兰波斯和奥迪(Charalambous,Oddy 1975)开展了进一步的研究,他们都对部分整流电流的电路做出了评价。不对称交流电似乎比直流电流稍有优势,并且可能适用于包括铁器在内的所有金属制品。然而,文保实验室尚未广泛采纳不对称交流电电解还原技术,因为在直流电条件下,用极低的电流密度和氢氧化钠电解液就能将银的腐蚀产物有效还原成金属银。

3. 碱性连二亚硫酸盐法

碱性连二亚硫酸盐法与铁器的碱性亚硫酸盐法类似。这是一种相对经济、简单和有效的方法,能把银腐蚀产物均匀地还原成金属银(MacLeod,North 1979)。银器的碱性连二亚硫酸盐法操作步骤如下:

(1)将文物浸泡在10%~12%的盐酸中,去除可能包含了沙子、贝壳、碳酸钙及铜和铁的腐蚀物等组成的外部凝结物。这个步骤可能需要12小时至一周的时间,或者直到所有清洗反应过程结束,文物中不再出现气泡。溶液需在整个过程中呈酸性。如有必要,应在溶液中加入浓盐酸来保持浓度。

(2)用自来水彻底漂洗文物,去除所有残留的凝结物和酸。对于顽固的结垢,可用气动凿机械去除。

(3)制备碱性连二亚硫酸盐溶液:将40 g氢氧化钠溶于1 L水中,加入60 g连二亚硫酸钠(溶液中连二亚硫酸钠的含量无需非常精确,在55~65 g范围内均可)。迅速将银器浸入碱性连二亚硫酸盐溶液中,以避免容器中的溶液被氧化。容器应充满溶液并密封。

(4)每天摇动翻转容器,保持溶液混合均匀,且文物所有表面均与溶液接触。

（5）一周后，取出器物并用水漂洗，直至漂洗水液的 pH 值保持不变。

（6）文物表面的腐蚀产物会被还原成灰色的金属银，可用湿的小苏打面团或玻璃纤维刷抛光。

碱性连二亚硫酸盐法不仅能有效还原银的腐蚀物，也适用于铜器，可以将铜的腐蚀物还原成金属铜。

使用过的碱性连二亚硫酸盐溶液在处理时，应在空气中氧化数天，溶液中的亚硫酸盐转化成硫酸盐。用盐酸将溶液中和氧化后，安全地倒入下水道。不过，也可通过电解将银金属镀在阴极上，把溶液中的银全部提取出来。阴极回收的银可与保护处理的费用基本相抵。

4. 化学清理

大多数考古发掘的银器仅需做少量处理。在多数情况下，用简单的化学溶液即可去除各种腐蚀产物（Plenderleith，Werner 1971：227 - 229）。商用洗银水能轻松去除硫化物引起的暗斑。或者用蒸馏水配制 5% 硫脲和 1% 非离子洗涤剂组成的温和浸银溶液。用蒸馏水配制 15% 硫代硫酸铵和 1% 非离子洗涤剂组成的溶液比前者更强力，能同时有效地去除暗斑和氯化银。浓氨水可以很好地去除银合金中铜锈所含的铜化合物。然而需要注意的是，氨水能溶解氯化银，显著削弱腐蚀严重银器的强度。用去离子水配制 5%～30% 的甲酸溶液能有效溶解铜化合物而不影响氯化银。甲酸还可用来使已经用其他化学试剂或方法清理过的银器变亮。金属铜膜可用硝酸银溶液去除。不过一般来说，在肥皂水中简单清洗或用温和的抛光磨料擦拭银器就足够了。

5. 稳定与加固

由于硫化银和氯化银均为稳定的化合物，故腐蚀的银器无须进行稳定处理。

不过通常需要加固文物。许多包裹在凝结物中的银币或小型银器很可能已经完全转化为硫化银了。有时候仅残余一团湿润、无形的浆泥，有时残余的是膨胀、变形或不连续的晶体结构。对此唯一能做的是记录包含在周围凝结物中的关于银币印迹的所有细节和数据。

若文物几乎或完全转变为致密的硫化银，就会保留其原始的形制和所有的细节。一些硬币可能会是很轻的硫化银薄片，略施压力就会碎成粉末。如果不加固或无法加固，那么任何清理动作都可能会使硬币溶解或至少会破坏所有保留在矿化硫化物层上的印记和细节。在一些情况下，可用上述碱性连二亚硫酸盐法进行保护。在其他情况下，唯一的选择就是加固硫化物。这很容易做到。首先用丙酮将文物脱水，接着将其置于聚乙酸乙烯酯（PVA）和丙酮的稀溶液中，持续浸泡直到文物表面不再有气泡逸出，取出文物并部分干燥。该过程需重复两到三次，然后彻底干燥文物。反复浸泡和干燥的过程能确保文物最大限度地吸收乙酸酯。PVA可加固硫化层，但文物仍旧脆弱和易碎。如有需要，可用其他一些固结剂，如乙酸丁酯、各种聚甲基丙烯酸酯，甚至蜡来取代PVA。

三、小 结

由于银的腐蚀产物较稳定，所以对银器的处理不会像其他金属器那么严苛，尤其是铁器。有时在处理含有大量铜的银器时，引起问题的是铜及其腐蚀产物。在这种情况下，需将文物视为铜器处理。在许多情况下，银器仅需用机械方式或一些化学方法来处理。银在海洋环境特征的厌氧条件下易受腐蚀，通常是将银的腐蚀物还原成金属态。如果以还原为目标，只有电解还原和碱性连二亚硫酸盐法才是有效的处理措施，因此这两种方法是保护海洋出水银器最常用的方法。每种方法都各行其效，需根据实验室条件和待处理文物的数量来具体选择。

第十五章

铅、锡及铅合金制品的保护

一、铅、锡及铅合金的腐蚀

在考古遗址中，锡器较为少见。锡常以合金形式出现，特别是与铜形成青铜，或与铅形成镴。格滕斯（Gettens 1964：560）指出，锡会被晶间氧化转变成氧化亚锡和氧化锡的混合物（SnO 和 SnO_2），或由于同素异形体的转换变成松散的粉末状灰锡（通常称为"锡瘟"），故很少在考古遗址中留存。锡在海洋环境中的蚀变尚未充分研究，目前已知的是氯化钠会促进锡的腐蚀。土耳其沿海一艘青铜时代的沉船上曾发现完全氧化成氧化锡的锡锭（Bass 1961）。尽管在文献中不常提及，由于厌氧环境中硫酸盐还原菌的作用，还会生成硫化锡。

铅器在沉船遗址中较为常见，有砝码、炮弹以及各种铅板和铅条。在不含氧化剂的中性或碱性溶液中，铅是一种稳定的金属，特别是水中含有碳酸盐时（Pourbaix 1966：488－489）。在长时间暴露于空气的大多数考古环境中会生成碱式碳酸铅（$2PbCO_3 \cdot Pb(OH)_2$）和铅的氧化物（PbO 和 PbO_2）。灰色的碳酸铅和氧化铅通常会在文物上形成阻止进一步氧化的保护层。在海洋环境出水铅器上，这两种腐蚀产物都有，但氯化铅（$PbCl_2$）尤其是硫化铅（PbS）和硫酸铅（$PbSO_4$）也很常见。

格滕斯（Gettens 1964：558）曾说硫化铅在考古文物上较少见，但是有研究（North，MacLeod 1987：89）表明，在厌氧的海洋环境中，硫化铅是主要的铅腐蚀产物,而硫酸铅在有氧的海洋环境出水文物上较为常见。在沉船发掘中常会遇到残留的铅条完全变成黑色浆泥的情况。产生这种腐蚀的主要原因是硫酸盐还原菌的作用生成了硫化铅。此外还有一些中间形式的铅氧化物和硫氧化物。铅与木材接触时常出现大面积的腐蚀侵蚀,如可以发现钉在船龙骨上的铅条处于严重腐蚀的状态。木材耗氧腐烂以及在铅器表面形成的海洋凝结物显然造成了有利于硫酸盐还原菌代谢的厌氧环境,并且腐烂的木材还能为细菌提供营养。

铅合金如老镴之类的铅锡合金,会生成两种母金属成分的氧化物。由于周围环境以及每件文物中的铅锡比例不同,不同考古遗址或同一考古遗址内的镴器保存状况迥异。一般来说,含铅镴器在海洋环境中比无铅镴器保存得要好。这很可能是因为生成的硫酸铅保护了文物表面。无铅镴器在有氧海水中腐蚀严重,通常完全矿化成二氧化锡和硫化铅以及各种非常脆弱的矿化的锑锡金属间化合物(SbSn)。相比之下,厌氧环境中的含铅和无铅镴器,由于硫化铅和硫化锡形成了保护膜,保存状况通常比较良好(North,MacLeod 1989:90-91)。事实上,从厌氧海洋环境中发掘出水的镴器,保存完好的金属表面那层硫化物薄膜可能就是唯一的腐蚀,它可以是碳酸铅、氧化铅、硫化铅、氯化铅和氧化锡的各种组合。由于盐的局部污染,镴器金属表面上常有瘤状泡(Plenderleith,Werner 1971:278)。瘤状泡下面多为金属的孔或坑,因此不应将其去除。

二、铅、锡及镴的保护

从海洋中发掘出水后,铅、锡及其合金——镴上的腐蚀产物就会很稳定。这些腐蚀产物可能不好看,甚至会损毁器物的外观,但不会与剩余金属发生化学反应,造成进一步的侵蚀。只有出于美观的原因和为了揭示被腐蚀层掩盖的表面细节,才需对文物进行清理。古代的镴是铅锡合金,由于锡是对阳极和化学敏感性更强的金属,所以应将其视为"锡器"来处理。因此,除非在电解的情况下进行阴极保护,否则不能用酸或氢氧化钠来处理。

1. 铅器的化学处理

由于操作简便且化学药品经济易得,卡利(Caley 1955)认为酸处理法是任何环境下考古发掘铅器保护最常用的方法。将铅器浸泡于10%的盐酸中,可去除碳酸铅、一氧化铅、硫化铅、碳酸钙和氧化铁等附着的海洋凝结物。此方法适用于轻度腐蚀的文物,也有助于保持铅器表面的美观。由于发掘文物的腐蚀程度不同,这种处理方法保留表面细节的程度也各异。对于具备更多特征的铅器,卡利的方法已被电解还原取代,后者可将矿化产物还原成金属态。对于不需要大量手动操作的一般铅器清理,卡利的方法仍是一种适用且广泛使用的技术,不过处理后的文物需充分漂洗去除残留的盐酸。这样可以避免污染那些与铅器一起保存且对氯化物敏感的文物。

如果腐蚀物中有二氧化铅,将文物浸泡于10%的乙酸铵溶液中即可去除。乙酸铵也可作为缓冲剂,保护铅器免受任何可能残留的盐酸的作用。若用乙酸铵处理,铅器在溶液中只能短时间浸泡,因为溶液会腐蚀金属。不过对于大多数铅器而言,无须用乙酸铵进行处理。

若要完全去除铅器上的所有铅腐蚀产物,含5%的乙二胺四乙酸(EDTA)的二钠盐溶液是最有效的。将文物完全浸入EDTA溶液2～3小时(对于大型文物可延长至24小时),然后用自来水漂洗。

在用卡利的方法处理后,文保人员还是可以选择用电解还原法将残留的腐蚀物还原成金属态。

2. 锡器的电偶清理

对保存强度较好的锡器可用与前述铁器和其他金属制品相同的电偶及电解

还原法进行清理。通常在电偶清理时,会对盛有电解液、阳极金属和样品的容器进行加热加速反应。但是,由于锡是一种微溶于氢氧化钠的同素异形体金属,所以不能加热并且要把处理时间控制在最低限度。锡币对不加热的电化学还原反应良好,可在苛性钠溶液中使用锌、铝或镁粉(Plenderleith,Werner 1971:275)。因为锌有时会使锡变色,故常用镁来代替锌(Plenderleith,Organ 1953)。不过,若能使用电解还原设备,那么任何铅、锡或其合金制品都没有必要进行电偶清理。

对于严重氧化的锡器而言,唯一的保护方案就是用微晶蜡进行加固或将其嵌入塑料之中。由于碱性溶液对锡器有溶解作用,故不宜采用碱液浸泡的方式去除氯化物。

3. 电解还原法清理

电解还原法能通过调节电流来控制电解反应的速度,所以特别适用于铅币、铅章及其他任何表面细节非常重要的或以还原和(或)加固表面腐蚀层为目的的铅器。铅器清理的电解还原技术有两种:常规还原(Plenderleith,Werner 1971:267 - 268)及加固还原(Organ 1963a:131;Plenderleith,Werner 1971:268 - 270)。

1)常规还原

金属残余量高的铅器可用常规还原法清洗。以 5% 的氢氧化钠为电解液,低碳钢或不锈钢为阳极,采用 $2\sim5$ A/dm^2 的电流密度,效果非常良好。但是,如果没有阴极保护,铅易受电解液影响而溶解,因此电解槽必须在文物放入之前就通电,且只要文物还在浸泡就不能断电。通过观察文物表面析出的氢气泡,用导线为铅器建立良好的电接触,要确保电接触充分,不会中断。

由于铅、锡和镴都易受强碱的侵蚀,所以在电解时用碳酸钠作为电解液比用氢氧化钠更为安全。如果在电解过程中,电流切断,氢氧化钠溶液中的铅器、锡器或镴器就会被碱液破坏。如果使用碳酸钠作为电解液,那么会在文物表面形成碳酸盐的钝化膜,从而阻止碱液对文物的破坏。氢氧化钠溶液对锡或锡合金的破坏作用尤为剧烈,所以碳酸钠很适合用来处理这类金属。只有在试图最大限度地将某些特殊文物上的腐蚀产物完全还原成金属的加固还原处理时,才需使用氢氧化钠电解液。例如,若文物腐蚀层中有铭文或标记时,就必须用氢氧化钠作为电解液。

2)加固还原

这项技术由奥根(Organ 1963a:131)研发,用于加固一组铅质印章上脆弱的碱式碳酸铅腐蚀层中包含的铭文。去除腐蚀层会去除铭文。加固还原可以将碱式碳酸铅和其他铅腐蚀产物转变成致密的铅。在处理时,文物被紧紧地压在两个聚氨酯泡沫垫之间,以便在 $100\sim200$ mA/dm^2 电流密度下进行阴极还原时,对腐蚀层给予支撑并施加压力。

在采用非常低的电流密度的加固还原中,不能使用低碳钢作为阳极,因为电流过低,无法保持阳极钝化以避免阳极溶解,因此建议使用不锈钢阳极和5%的氢氧化钠电解液。普伦德莱思和沃纳(Plenderleith,Werner 1971:268-269)介绍的10%的硫酸溶液及铅阳极的方法不太常用,因为处理硫酸及从阳极被镀在待处理器物上的铅比较困难。另外,越来越多的研究表明,将 NaOH 作为电解液可获得最彻底的还原效果。普伦德莱思和沃纳(Plenderleith,Werner 1971:269)建议使用部分整流的交流电源,会产生"碰撞效应",取得更好的效果。然而正如在银器章节中讨论的那样,不对称交流电并未被广泛使用,因为在低电流密度电解时使用的是直流电,尤其是在将氢氧化钠作为电解液的情况下,可以非常高效地将铅腐蚀产物还原成金属铅。使用不对称交流电似乎并不能增加还原的程度(Lane 1975;1979)。对于文保工作者来说,在任何电解清理过程中,需时刻牢记最为重要的是保持持续的电流通过正在处理的铅或锡金属,以确保阴极保护。

4. 电解还原后的漂洗方法

简单地用水漂洗无法完全去除铅器上残留的氢氧化钠电解液，需采用更为复杂的方法（Plenderleith，Werner 1971：269－270）。将文物浸入 pH 值为 3～3.5 的稀硫酸溶液中（每升自来水中滴入 4 滴 15%～18%的浓 H_2SO_4），以中和电解液的碱性，并在文物表面形成硫酸铅保护膜。多次用 H_2SO_4 溶液浸泡，直至溶液 pH 值不再上升，说明铅器中的碱已完全去除。然后把铅器连续浸入 pH 值约为 6 的冷蒸馏水中，去除文物表面残留的酸，直至水的 pH 值不再下降。

5. 封　护

漂洗后将文物用热风干燥或用水溶性溶剂脱水。最后把文物浸没在熔融的微晶蜡中，以加固并保护脆弱的还原金属免受空气的腐蚀。

6. 储　存

铅特别容易受到有机酸的影响，如乙酸、腐殖酸、单宁酸等，因此铅器不能存放在橡木的橱柜或抽屉中。否则，即使浓度很低的酸蒸气也会引发腐蚀并迅速蔓延。为了安全起见，应将铅器储存在密闭的容器或聚乙烯袋子中。

第十六章

金器及金合金制品的保护

一、金器的腐蚀

金是惰性金属，因此很少被腐蚀。容易发生腐蚀的是金与铜和/或银合金，生成银或铜的腐蚀产物，积聚在金器的表面，并可能损坏金器。

二、金器的保护

纯金和高纯度的金合金不需要任何保护措施。沉船遗址中出水的金器看起来和随船下沉时一模一样。低纯度金合金中的铜和银会发生腐蚀。出现这种情况时，低纯度金合金中铜和/或银的腐蚀产物的处理方式可参照前文所述的关于这两种金属的处理流程（见第十二章至第十四章）。银的腐蚀产物可用氨水去除，铜的腐蚀产物可用甲酸、柠檬酸或碱性螯合剂（如罗谢尔盐、碱性甘油等）去除。所有适用于银器和铜器保护的相关内容请参见前文的银器和铜器章节。

第十七章

保护中的浇铸和翻模

一、浇铸和翻模简介

浇铸和翻模技术多用于文物的修复和复制。浇铸复制品用于展览、宣传和研究，是文物保护工作的一部分。这部分内容尽管非常重要，但本书不加以涉及，可以参阅浇铸材料厂商的书和出版物，以及罗纳（Rohner 1964，1970）、里格比和克拉克（Rigby，Clark 1965）、汉密尔顿（Hamilton 1976）和弗雷泽（Frazier 1974）等的文章。

当海洋出水文物无法处理时，才会用到浇铸技术。在某些情况下，只有通过浇铸，文物或其形制才能得以保留。如前文所述，表面有凝结物的金属制品会继续腐蚀，直至金属消失殆尽。在这种情况下，原始金属表面上的识别标志、印记、字母或数字就会丢失。腐蚀过程一旦开始，外部的包结硬壳会立即开始形成。它围绕着文物的原始形状形成模具，留存了所有的表面细节。在很多时候，外部结壳比劣化或严重氧化的文物保留了更多的信息。

在沉船文物的保护中，浇铸技术有多种用途，有必要了解一些相关的流程方法。实验室中也应备有必要的原料和浇铸用材。有很多来自不同制造商的各种浇铸材料可供选择和使用。特别推荐的产品有陶氏（Daw）氯化银硅橡胶、Smooth-On 聚硫橡胶、Surgident Neo-Plex 橡胶、Permamold 乳胶、Hysol 环氧树脂、巴黎石膏（熟石膏）和 Coecal 石膏等产品。

二、浇铸技术在海洋出水文物保护中的应用

卡采夫和范·门捷克（Katsev，van Doorninck 1966：133－141）在处理完全氧化的海洋出水文物时首次使用了浇铸技术。他们用宝石锯（lapidary saw）切开内含已氧化的拜占庭铁器的小型凝结物。凝结物是天然模具。有些物体只需切割一次，而较复杂的物体则需切割多次。将腐蚀残渣从结壳中清理出来，在锯开的两半之间放一块纸板或塑料，使之贴合，弥补被锯掉的部分材料。然后往模具内注满柔性化合物，并将两半对合。待化合物固化后，将橡胶铸件取出。把沿着模具接缝处形成的多余橡胶去除后，就可获得已解体文物的复制品。

虽然橡胶铸件也无法永久或长期保存，但能持续数年。为延长橡胶铸件的寿命及保证有效性，可将其放置在石膏母模中提供支撑，防止拉伸及外形变化。若需要永久的环氧树脂铸件，须先用聚硫橡胶翻模，然后再用环氧树脂据此制作第二个铸件。

在用宝石锯切割了几个模具后，卡采夫和范·门捷克（Katsev，van Doorninck 1966）注意到了一些缺点。这种方法仅适用于只需少量切割的小型且形制简单的凝结物。在对齐两半凝结物和确定纸板垫片代替被锯子锯掉的厚度时，也会发生问题。这些问题会在多次切割时变得更复杂。此外，用锯子切开模具，橡胶上的接缝痕迹非常明显。

如有 X 射线设备，一些用自然模具浇铸产生的问题就能够解决。X 射线照片可揭示文物的形状和腐蚀程度。对于一些凝结物，可用气动凿在文物远端或特定的关键部位开口。通过这些孔洞，可将腐蚀残留清除干净，并灌注浇铸材料。或者用气动凿沿着或绕着凝结物划出一条线，用凿子或锤子沿着这条线击打，使凝结物按设定方式打开。简单的凝结物用这种方式可以轻松地打开并进行浇铸。由于这种方式能更有效地打开凝结物，故不推荐使用宝石锯。

对许多从海洋遗址中发掘出水的又小又薄、完全腐蚀的铁器,修复的唯一方法就是等文物完全腐蚀后,利用凝结物形成的天然模具浇铸。腐蚀残渣有时只需简单用水漂洗即可去除,有时则需大量的机械清理。当所有的腐蚀残留彻底清除后,在空腔中灌注铸模材料。一般推荐环氧树脂作为浇铸材料,因为它没有聚硫橡胶那样的长期存放问题。浇铸材料凝固成型之后,用气凿去除外面的硬壳,即可得到原始文物的复制品。

使用上述方法,文保人员可用环氧树脂复制腐蚀的锤头或铁质砍刀,直接装到原始木质手柄上,或是各种铁质钥匙和门锁(见图 17.1)。需要强调的是,对于无法保护的文物而言,若不采用浇铸技术,那么大量数据和信息就会丢失(关于浇铸技术的更全面的讨论,参见 Hamilton 1976:72 – 85;North 1987:231 – 232;Muncher 1988)。

图 17.1　17 世纪牙买加皇家港城镇遗址出水铁器的环氧树脂铸件

从上到下、从左到右依次为:有原始木柄的锤子、有原始木柄的劈刀、一个门锁、两把钥匙和一把凿子

大型凝结物中经常会遇到金属器已完全解体的天然模具,即使能用 X 光扫描,也无法在照片上显示出来。为避免破坏凝结物中可能包含的有价值信息,在用气动凿破开凝结物取出任何天然模具时,需要密切观察。由于大型结块中可能

存在这些天然模具，所以一般不建议采用酸，甚至电解法去除凝结物（Montlucon 1986，1987）。当发现天然模具时，可以在一侧打开个小口，将内部清洗干净，再用环氧树脂浇铸。

上文介绍的浇铸案例是针对腐蚀的铁器的。类似的浇铸方法也同样适用于银器。在厌氧海洋环境中，银器往往腐蚀严重。例如，从两艘16世纪西班牙沉船上发掘出许多横截面平凸的银质圆盘，在银质圆盘的平面上有一个或多个标明所有权、矿山和税号的印章。大量印章在腐蚀过程中损毁殆尽。然而银盘外部的凝结物形成了原始表面完美的模具，凝结物内部保留了印章的镜像信息。在一个案例中，银盘包裹着厚重的凝结物，用气动雕刻笔沿圆周切削，把凝结物分成两半。用细毛刷和尖木签仔细地清理凝结物内表面的腐蚀物，露出银印章痕迹。用包含印章镜像的凝结物内表面浇铸成乳胶片，再将该件有印章压痕的乳胶片制成石膏模型，并用软石墨铅笔突出印章。这项技术可以恢复很多消失的印章，它已经是保护凝结物内银的常规手段，可以保留宝贵的信息。没有哪个历史学家或考古学家会否认，有印章比没有印章的银盘更有历史价值。

以上关于浇铸的实例毫无疑问地证明了浇铸技术在海洋沉船出水文物保护中具有重要的价值和意义。由于对考古发掘材料的不当处理和保护，上述案例中恢复的信息经常会丢失。同时这些实例也强调，海洋沉船文物必须由熟悉物质文化、掌握多种技术、能最大程度地从文物上抢救和保留历史信息的文保人员来处理。

结　语

　　本书旨在介绍当前海洋环境出水考古文物的保护技术。虽然书中列举了各种不同的方法、材料及所需设备，但仍有很多未曾涉及。不同的文保人员在具体使用时会有很多细节的变动、程序的调整以及一些小"技巧"。由于时间和篇幅的局限，不能详细地讨论每种已知的技术和不同技术的变化，因此文保人员需查阅原始文献。对文物保护有兴趣的读者，在尝试书中所介绍的各种方法之前，请翻阅参考文献并向训练有素的专业文保人员请教。

　　文物保护需同时兼顾化学稳定性和外表的美观。如果文物需要进一步的处理，那么所有对它进行的保护措施都必须可逆。一件文物现在成功保存并不意味在将来不会劣化。只有在最佳条件下储存或展示，才能确保文物的稳定。金属制品以及有机质或硅质材料，会出于各种原因而变得化学不稳定，因此需对它们进行定期检查、评估和必要的再处理。就目前的知识水平而言，或许可以说文物保护的目标是通过妥善的保存尽可能地延缓再处理周期，并且尽可能地使任何必要的再处理简单和短暂。文物保护实验室在考古工作中发挥着重要作用，能帮助从浸水和水下遗址中最大限度地获取考古信息。

本书详尽地介绍了水下文物保护工作所需要的设施、可用的处理方法、使用的化学药品以及各种看法和见解，这些对评估各种保护方案，协助建立专门设施来保护在海洋遗址发现的大量文物非常有帮助。费用估算问题较为复杂。不过，当了解所需要的设备和材料后，主要的问题就是确定采用何种处理方法、文物的数量、体积以及实验室预期达到的处理水平。

　　书中讨论的所有处理方法均适用于海洋遗址出水文物的保护。对于多数方法而言，并不能说哪种方法是优选的，或者哪种方法比另一种更好。事实上，每种处理方法在面对不同文物时均有可能是最佳的。因此，保护实验室的文保人员必须对各种处理方法了如指掌，通晓在不同情况下的最优选择，并掌握实施保护处理所需的设施、器材、化学药品的获取渠道等。

参考文献

文保类期刊和机构

AIC　　*Journal of the American Institute for Conservation*

CCI　　*Canadian Conservation Institute Publications and Notes*

GCI　　*Getty Conservation Institute*

ICOM　　International Council of Museum Papers

IIC　　　International Institute for Conservation of Historic and Artistic Works

TC　　　*Technology and Conservation*（不规律出版，现已停刊）

Ambrose，W. R. 1970. Freeze-Drying of Swamp-Degraded Wood. *Conservation of Stone and Wooden Objects* 2：53 – 57. IIC，London.

____. 1975. *Stabilizing Degraded Swamp Wood*. ICOM Committee for Conservation，4thTriennial Meeting，Venice. ICOM，Paris.

Argo, James. 1981. On the Nature of Ferrous Corrosion Products on Marine Iron. *Studies in Conservation* 26: 42 – 44.

Ashley-Smith, Jonathan, ed. 1983. *Adhesives and Coatings*. Vol. 3. Science for Conservators, Crafts Council Conservation Teaching Series, Crafts Council, London.

Barkman, Lars. 1975. The Preservation of the Warship *Wasa*. In *Problems in the Conservation of Waterlogged Wood*, edited by W. A. Oddy, pp. 65 – 105. Maritime Monographs and Reports No. 16. National Maritime Museum, Sweden.

_____. 1975. Corrosion and Conservation of Iron. In *Conservation in Archaeology and the Applied Arts*, pp. 169 – 171. IIC, London.

_____. 1978. Conservation of Rusty Iron Objects by Hydrogen Reduction. In *Corrosion and Metal Artifacts*, edited by B. Floyd Brown, pp. 156 – 166. Special Publication No. 479. National Bureau of Standards, Washington, DC.

Barkman, Lars, and Anders Franzen. 1972. The *Wasa*: Preservation and Conservation. In Underwater Archaeology: A Nascent Discipline. *Museum and Monuments* 13: 231 – 241. UNESCO, Paris.

Bass, George F. 1961. The Cape Gelidonya Wreck: A Preliminary Report. *American Journal of Archaeology* 65: 267 – 276.

Bryce, T. 1979. *Alkaline Sulphite Treatment of Iron at the National Museum of Antiquities of Scotland*. Proceedings of the Symposium The Conservation and Restoration of Metals, Edinburgh, Scotland, March 1979, pp. 20 – 23. Scottish Society for Conservation and Restoration, Edinburgh.

Caley, Earle R. 1955. Coatings and Incrustations on Lead Objects from the Agora and the Method Used for Their Removal. *Studies in Conservation* 2(2): 49 – 54.

Carlin, Worth. 1975. Personal Communication. Electrochemist at PPG Industries, Corpus Christi, Texas. CETBGE (ICOM Waterlogged Wood Working Group Conference). 1984. *Waterlogged Wood: Study and Conservation*. Proceedings of the 2nd ICOM Waterlogged Wood Working Group Conference, Grenoble, France. Centre d'Etude et de Traitement des Bois Gorges d'Eau, Grenoble.

Charalambous, D. and W. A. Oddy. 1975. The 'Consolidative' Reduction of Silver. In *Conservation in Archaeology and the Applied Arts*, pp. 219 - 228. IIC, London.

Coremans, P. 1969. The Training of Restorers. In *Problems of Conservation in Museums*, pp. 7 - 32. Editions Eyrolles, Paris.

Cornet, J. 1970. Corrosion in Archaeology. In *Scientific Methods in Medieval Archaeology*, edited by R. Berger, pp. 437 - 454. University of California Press, Berkeley.

Cronyn, J. M. 1990. *The Elements of Archaeological Conservation*. Routledge, London.

de Borhegyi, S. F. 1964. The Challenge, Nature and Limitations of Underwater Archaeology. In *Diving into the Past: Theories, Techniques and Applications of Underwater Archaeology*, edited by J. D. Holmquist and A. H. Wheeler. Minnesota Historical Society, St. Paul.

Dowman, E. A. 1970. *Conservation in Field Archaeology*. Methuen, London.

Eriksen, E. , and S. Thegel. 1966. *The Conservation of Iron Recovered from Sea Water*. Tojhusmuseets Skrifter 8. Copenhagen.

Evans, U. R. 1963. *An Introduction to Metallic Corrosion*. St. Martin's Press, New York.

参考文献

Farrer, T. W. , L. Biek, and F. Wormwell. 1953. The Role of Tannates and Phosphates in the Preservation of Ancient Iron Objects. *Journal of Applied Chemistry* 80 – 84.

Feller, R. L. , and M. Wilt. 1990. *Evaluation of Cellulose Ethers for Conservation*. Research in Conservation, Technical Report Series No. 3. Getty Conservation Institute.

Foley, V. P. 1967. Suggested Design and Construction for Small Laboratory Electrolysis Apparatus. In *The Conference on Historic Site Archaeology Papers, 1965 – 1966*, edited by S. South. Institute of Archaeology and Anthropology, University of South Carolina, Columbia.

Frazier, F. 1974. Production of Artifact Casts Using Epoxy Resin. *The American Archeologist* 1: 33 – 42.

Furman, N. H. , ed. 1962. *Standard Methods of Chemical Analysis*. Vol. 1, Sixth Edition. D. van Nostrand, New York.

Gettens, R. J. 1963. Mineral Alteration Products on Ancient Metal Objects. In *Recent Advances in Conservation*, edited by G. Thomson, pp. 89 – 92. Butterworths, London.

＿＿＿. 1964. *The Corrosion Products of Metal Antiquities*. Smithsonian Institution Publication 4588. Washington DC.

Goggin, J. M. 1964. Underwater Archeology: Its Nature and Limitations. In *Indian and Spanish Selected Writings*, pp. 299 – 309. University of Miami Press, Florida.

Grattan, D. W. , ed. 1982a. *Proceedings of the ICOM Waterlogged Wood Working Group Conference*. Waterlogged Wood Working Group, Committee for Conservation, ICOM, Ottowa.

Grattan, D. W. 1982b. A Practical Comparative Study of Several Treatments for Waterlogged Wood. *Studies in Conservation* 27: 124 – 136.

Green, V. 1975. The Use of Benzotriazole in Conservation. In *Conservation in Archaeology and the Applied Arts*, pp. 1 – 15. IIC, London.

Hamilton, D. L. 1973. Electrolytic Cleaning of Metal Articles Recovered from the Sea. In *Science Diving International*, edited by N. C. Flemming, pp. 96 – 104. Proceedings of the 3rd Scientific Symposium of CMAS, 8 – 9th October 1973. British Sub Aqua Club, London.

_____. 1976. *Conservation of Metal Objects from Underwater Sites: A Study in Methods*. Texas Antiquities Committee Publication No. 1, Austin.

Hodges, H. W. M. 1968. Basic Equipment and Processes. The Conservation of Cultural Property. *Museum and Monuments* 11: 80 – 90. UNESCO, Paris.

Horie, C. V., and J. A. Vint. 1982. Chalconatronite: A By-Product of Conservation? *Studies in Conservation* 27: 185 – 186.

Hunsberger, J. F. 1974. Electrochemical Series. In *Handbook of Chemistry and Physics*, 55th edition, edited by R. C. Weast, pp. D120 – 125. CRC Press, Cleveland, Ohio.

Jedrzejewska, H. 1963. Some New Experiments in the Conservation of Ancient Bronzes. In *Recent Advances in Conservation*, edited by G. Thomson, pp. 135 – 139. Butterworths, London.

Katzev, M. L., and F. Van Doorninck. 1966. Replicas of Iron Tools from a Byzantine Shipwreck. *Studies in Conservation* 11(3): 133 – 142.

Keel, B. C. 1963. The Conservation and Preservation of Archaeological and Ethnological Specimens. *Southern Indian Studies* 15. The Archaeological Society of North Carolina, Chapel Hill.

Knowles, E., and T. White. 1958. The Protection of Metals with Tannins. *Journal of Oil and Colour* 41: 10 – 23.

Kranz, M. 1969. Inhibitors and Stimulants of Corrosion. In *Conservation of Metal Antiquities*. Translated by J. Dlutek, pp. 17 – 30. The Scientific Publications Foreign Cooperation Center of the Central Institute for Scientific, Technical, and Economical Information, Warsaw, Poland.

Kunin, R. 1958. *Ion Exchange Resins*. John Wiley and Sons, New York.

Jensen, V. 1983. Water-Degraded Organic Materials: Skeletons in our Closets. *Museum* 137.

_____. 1987. Conservation of Wet Organic Artifacts Excluding Wood. In *Conservation of Marine Archaeological Objects*, edited by C. Pearson, pp. 122 – 163. Butterworths, London.

Lane, H. 1975. The Reduction of Lead. In *Conservation in Archaeology and the Applied Arts*, pp. 215 – 218. IIC, London.

_____. 1979. *Some Comparisons of Lead Conservation Methods, Including Consolidative Reduction*. The Proceedings of the Symposium The Conservation and Restoration of Metals, Edinburgh, Scotland, March 1979, pp. 50 – 66. Scottish Society for Conservation and Restoration, Edinburgh.

Lawson, E. 1978. In Between: The Care of Artifacts from the Seabed to the Conservation Laboratory and Some Reasons Why it is Necessary. In Beneath the Waters of Time: The Proceedings of the Ninth Conference on Underwater Archaeology, edited by J. B. Arnold III. *Texas Antiquities Committee Publication* No. 6. Austin.

Leigh, D. 1973. Reasons for Preservation and Methods of Conservation. In *Marine Archaeology*, edited by D. J. Blackman, pp. 203 – 218. Butterworths,

London.

Locke, C. E. n. d. *Comparisons of Various Electrolytes in the Treatment of Iron Artifacts*. Unpublished manuscript on file at the Texas Archeological Research Laboratory, The University of Texas at Austin.

Logan, J. 1989. Tannic Acid Treatment. *CCI Notes* 9.5. Canadian Conservation Institute, Ottowa. MacLeod, I. D. 1987. Conservation of Corroded Copper Alloys: A Comparison of New and Traditional Methods for Removing Chloride Ions. *Studies in Conservation* 32: 25 - 40.

MacLeod, I. D., and N. A. North. 1979. Conservation of Corroded Silver. *Studies in Conservation* 24: 165 - 170.

Madsen, H. B. 1967. A Preliminary Note on the Use of Benzotriazole for Stabilizing Bronze Objects. *Studies in Conservation* 12: 163 - 167.

Marx, R. F. 1971. *Shipwrecks of the Western Hemisphere, 1492 - 1825*. The World Publishing Company, New York.

McCawley, J. C., D. W. Grattan, and C. Cook. 1982. Some Experiments in Freeze Drying: Design and Testing of a Non-Vacuum Freeze Dryer. In *Proceedings of the ICOM Waterlogged Wood Working Group Conference*, ed. D. W. Grattan, pp. 253 - 262. Waterlogged Wood Working Group, Committee for Conservation, ICOM, Ottawa.

McKerrell, H. E. Roger, and A. Varsanyi. 1972. The Acetone/Rosin Method for the Conservation of Waterlogged Wood. *Studies in Conservation* 17: 111 - 125.

Merk, L. E. 1981. The Effectiveness of Benzotriazole in the Inhibition of the Corrosive Behavior of Stripping Reagents on Bronzes. *Studies in Conservation* 26: 73 - 76.

Montlucon, J. 1986. *Electricity: A New Implement Archaeology*. Paper Delivered at the Annual Conference on Underwater Archaeology, 1986 Meeting, Sacramento, California.

____. 1987. Electricity as a Means of Stripping Archaeological Objects. *World Scientist* 82 - 86.

Moyer, C. 1988. The Duco Dialogues. *The Society for Historical Archaeology Newsletter* 21(4): 8 - 10.

Muncher, D. A. 1988. Composite Casting of Partially Degraded Iron Artifacts. *Studies in Conservation* 33: 94 - 96.

Newton, R., and S. Davison. 1989. *Conservation of Glass*. Butterworths, London.

Noel Hume, I. 1969. *Historical Archaeology*. Alfred A. Knopf, New York.

North, N. A. 1987. Conservation of Metals. In *Conservation of Marine Archaeological Objects*, edited by C. Pearson, pp. 207 - 252. Butterworths, London.

North, N. A., and I. D. MacLeod. 1987. Corrosion of Metals. In *Conservation of Marine Archaeological Objects*, edited by C. Pearson, pp. 68 - 98. Butterworths, London.

North, N. A., and C. Pearson. 1975a. Investigation into Methods for Conserving Iron Relics Recovered from the Sea. In *Conservation in Archaeology and the Applied Arts*, pp. 173 - 182. IIC, London.

____. 1975b. Alkaline Sulphite Reduction Treatment of Marine Iron. *Preprints, ICOM Committee for Conservation*, 4th *Triennial Meeting*, *Venice*, March 13, 1975. ICOM, Paris.

Oddy, W. A., and M. J. Hughes. 1970. The Stabilization of Active Bronze and

Iron Antiquities by the Use of Sodium Sesquicarbonate. *Studies in Conservation* 15: 183 – 189.

Olive, J., and C. Pearson. 1975. The Conservation of Ceramics from Archaeological Sources. In *Conservation in Archaeology and the Applied Arts*, pp. 63 – 68. IIC, London.

Organ, R. M. 1955. The Washing of Treated Bronzes. *Museums Journal* 55: 112 – 119.

_____. 1956. The Reclamation of the Wholly Mineralized Silver in the Ur Lyre. In *Application of Science in Examination of Works of Art*, pp. 126 – 144. Museum of Fine Arts, Boston.

_____. 1963a. The Consolidation of Fragile Metallic Objects. In *Recent Advances in Conservation*, edited by G. Thomson, pp. 128 – 134. Butterworths, London.

_____. 1963b. The Examination and Treatment of Bronze Antiquities. In *Recent Advances in Conservation*, edited by G. Thomson, pp. 104 – 110. Butterworths, London.

_____. 1968. *Design for Scientific Conservation of Antiquities*. Smithsonian Institution Press, Washington DC. _____. 1973. Book Review of H. J. Plenderleith and A. E. A. Werner, *The Conservation of Antiquities and Works of Art*. *Studies in Conservation* 18: 189 – 194.

Parrent, J. M. 1983. The Conservation of Waterlogged Wood Using Sucrose. Unpublished Master's Thesis, Department of Anthropology, Texas A&M University, College Station.

_____. 1985. The Conservation of Waterlogged Wood Using Sucrose. *Studies in Conservation* 30: 63 – 72.

Patoharju, O. 1964. Corrosion Problems in Marine Archaeology. In *Current Corrosion Research in Scandinavia*, edited by J. Larinkari, pp. 316 - 323. Kemian Keskuliitto, Helsinki.

Patscheider, J., and S. Veprek. 1986. Application of Low-Pressure Hydrogen Plasma to the Conservation of Ancient Iron Artifacts. *Studies in Conservation* 31: 29 - 37.

Patton, R. 1987. The Conservation of Artifacts from One of the World's Oldest Shipwrecks, The Ulu Burun, Ka Shipwreck, Turkey. In *Recent Advances in the Conservation and Analysis of Artifacts*, edited by J. Black, pp. 41 - 49. Summers Schools Press, London.

Pearson, C., ed. 1987a. *Conservation of Marine Archaeological Objects*. Butterworths, London.

_____. 1987b. Deterioration of Ceramics, Glass and Stone. In *Conservation of Marine Archaeological Objects*, edited by C. Pearson, pp. 99 - 104. Butterworths, London.

_____. 1987c. On-Site Storage and Conservation. In *Conservation of Marine Archaeological Objects*, edited by C. Pearson, pp. 105 - 116. Butterworths, London.

_____. 1987d. Conservation of Ceramics, Glass, and Stone. In *Conservation of Marine Archaeological Objects*, edited by C. Pearson, pp. 253 - 267. Butterworths, London.

_____. 1974. The Western Australian Museum Conservation Laboratory for Marine Archaeological Material. *The International Journal of Nautical Archaeology and Underwater Exploration* 3(2): 295 - 305.

_____. 1972a. Restoration of Cannon and Other Relics from H. M. B.

Endeavour. *Defence Standards Laboratories Report* 508. Department of Supply, Australian Defence Scientific Service, Maribyrnong, Victoria.

____. 1972b. The Preservation of Iron Cannon after 200 Years under the Sea. *Studies in Conservation* 17(3). Pelikan, J. B. 1966. Conservation of Iron with Tannin. *Studies in Conservation* 11(3): 109 – 115.

Peterson, C. 1974. The Nature of Data from Underwater Archeological Sites. In *Underwater Archeology in the National Park Service*, edited by D. Lenihan, pp. 62 – 65. National Park Service, Department of Interior, Washington DC.

Peterson, Mendel L. 1964. The Condition of Materials Found in Salt Water. In *Diving Into the Past*, edited by J. D. Holmquist and A. H. Wheeler, pp. 61 – 64. The Minnesota Historical Society, St. Paul.

____. 1969. *History Under the Sea*. Smithsonian Institution Press, Washington, DC.

____. 1972. Materials from Post-Fifteenth-Century Sites. In Underwater Archaeology: A Nascent Discipline. *Museum and Monuments* 13: 243 – 256. UNESCO, Paris.

Plenderleith, H. J. 1956. *The Conservation of Antiquities and Works of Art*. Oxford University Press.

Plenderleith, H. J. and R. M. Organ. 1953. The Decay and Conservation of Museum Objects of Tin. *Studies in Conservation* 1(2): 63 – 72.

Plenderleith, H. J., and G. Torraca. 1968. The Conservation of Metals in the Tropics. In The Conservation of Cultural Property. *Museum and Monuments* 11: 237 – 249. UNESCO, Paris.

Plenderleith, H. J., and A. E. A. Werner. 1971. *The Conservation of Antiquities and Works of Art*. Revised Edition. Oxford University Press.

Potter, E. C. 1956. *Electrochemistry: Principles and Applications*. Cleaver-Hume, London.

Pourbaix, M. 1966. *Atlas of Electrochemical Equilibria in Aqueous Solutions*. Pergamon Press, New York.

Rees-Jones, S. G. 1972. Some Aspects of the Conservation of Iron Objects from the Sea. *Studies in Conservation* 17(1): 39 – 43.

Rigby, J. K. , and D. L. Clark. 1965. Casting and Molding. In *Handbook of Paleontological Techniques*, edited by B. Kummel and D. Raup, pp. 390 – 413. W. H. Freeman, San Fransisco.

Rohner, J. R. 1964. Techniques for Molding and Casting with Acrylics. *Western Museum Quarterly* 3(1): 1 – 6.

____. 1970. Technique of Making Plastic Casts of Artifacts from Permanent Molds. *American Antiquity* 35(2): 223 – 226.

Rudniewski, P. , and D. Tworek. 1963. A Review of Present Methods of Conserving Metal Antiquities. In *Conservation of Metal Antiquities*, translated by J. Dlutek, pp. 197 – 213. The Scientific Publications Foreign Cooperation Center of the Central Institute for Scientific, Technical, and Economic Information, Warsaw, Poland.

Sease, Catherine. 1978. Benzotriazole: A Review for Conservators. *Studies in Conservation* 23: 76 – 85.

Smith, C. Wayne. 2003. *Archaeological Conservation Using Polymers*. Texas A&M University Anthropology Series, Number Six, Texas A&M University Press, College Station, Texas.

Smith, J. B. , Jr. , and J. P. Ellis. 1961. The Preservation of Underwater Archeological Specimens in Plastic. *Curator* 6(1): 32 – 36.

Spaulding, A. C. 1960. The Dimensions of Archaeology. In *Essays in the Science of Culture in Honor of Leslie A. White*, edited by G. E. Dole and R. L. Carneiro, pp. 437 – 456. Thomas Y. Crowell, New York.

Tilbrook, D. R., and C. Pearson. 1976. The Conservation of Canvas and Rope Recovered from the Sea. In *Pacific Northwest Wet Wood Conference Proceedings*, edited by G. H. Grosso, pp. 61 – 66. Pacific Northwest Wet Wood Conference, Neah Bay, Washington.

Townsend, S. P. 1964. The Conservation of Artifacts from Salt Water. In *Diving into the Past*, edited by J. D. Holmquist and A. H. Wheeler, pp. 61 – 64. Minnesota Historical Society, St. Paul.

____. 1972. Standard Conservation Procedures. In Underwater Archaeology; A Nascent Discipline. *Museum and Monuments* 13: 251 – 256. UNESCO, Paris.

Tylecote, R. F., and J. W. B. Black. 1980. The Effect of Hydrogen Reduction on the Properties of Ferrous Materials. *Studies in Conservation* 25: 87 – 96.

U. S. Department of Interior. 1991. 36 CFR Part 79: Curation of Federally-Owned and Administered Archaeological Collections. *Code of Federal Regulations*. Washington DC.

UNESCO. 1968. Synthetic Material Used in the Conservation of Cltural Material. In The Conservation of Cultural Property. *Museum and Monuments* 11: 303 – 331. UNESCO, Paris.

____. 1972. Underwater Archaeology: A Nascent Discipline. *Museum and Monuments* 13. UNESCO, Paris.

Walker, R. 1979. The Role of Benzotriazole in the Preservation of Antiquities. *The Proceedings of the Symposium for the Conservation and Restoration of Metals, Edinburgh, Scotland, March 1979*, pp. 40 – 44. Scottish Society for

Conservation and Restoration, Edinburgh.

Watson, J. 1982. The Application of Freeze Drying on British Hardwoods from Archaeological Excavations. *Proceedings of the ICOM Waterlogged Wood Working Group Conference*, edited by D. W. Grattan, pp. 237 - 242. Waterlogged Wood Working Group, Committee for Conservation, ICOM, Ottowa.

Weisser, T. D. 1987. The Use of Sodium Carbonate as a Pre-Treatment for Difficult-to-Stabilize Bronzes. In *Recent Advances in the Conservation and Analysis of Artifacts*, edited by J. Black, pp. 105 - 108. Summers Schools Press, London.

Werner, A. E. A. 1968. The Conservation of Metals in the Tropics. In The Conservation of Cultural Property. *Museum and Monuments* 11: 237 - 249. UNESCO, Paris.

Western, A. C. 1972. The Conservation of Excavated Iron Objects. *Studies in Conservation* 17(2). Wilkes, B. 1971. *Nautical Archaeology: A Handbook*. David and Charles, Newton Abbot.

延伸阅读

文保人员在撰写此类文保著作时,大部分数据都在其脑中或是从个人经验中获取。常用保护程序不但使用广泛,还深入人心,因此在撰写文稿时时常忽略了原始文献。为了避免这种问题,除上述书中引用的文献外,还有其他一些文献,按照文物的材质总结如下。

一般参考书目

Ashley-Smith, Jonathan, ed. 1983. *Adhesives and Coatings*. Vol. 3. Science for Conservators, Crafts Council Conservation Teaching Series, Crafts Council, London.

____. 1983a. *Cleaning*. Vol. 3. Science for Conservators, Crafts Council Conservation Teaching Series, Crafts Council, London.

____. 1983b. *Adhesives and Coatings*: *Book 3*. Science for Conservators, Crafts Council Conservation Teaching Series, Crafts Council, London.

Black, J. 1987. *Recent Advances in the Conservation and Analysis of Artifacts*, edited by J. Black, pp. 105 – 108. Summers Schools Press, London.

Cronyn, J. M. 1990. *The Elements of Archaeological Conservation*. Routledge, London. Dowman, E. A. .1970. *Conservation in Field Archaeology*. Methuen, London.

Florian, M. E. 1987. The Underwater Environment. In *Conservation of Marine Archaeological Objects*, edited by C. Pearson, pp. 120ff. Butterworths, London.

Hamilton, D. L. 1973. Electrolytic Cleaning of Metal Articles Recovered from the Sea. In *Science Diving International*, edited by N. C. Flemming, pp. 96 – 104. Proceedings of the 3rd Scientific Symposium of C. M. A. S. , 8 – 9th October 1973. British Sub Aqua Club, London.

Smith, C. Wayne. 2003. Archaeological Conservation Using Polymers. Texas A&M University Anthropology Series, Number Six, Texas A&M University Press, College Station, Texas.

——. 1976. *Conservation of Metal Objects from Underwater Sites: A Study in Methods*. Texas Antiquities Committee Publication No. 1, Austin.

——. 1978. Conservation Procedures Utilized for the 16th-Century Spanish Shipwreck Materials. In *Nautical Archaeology of Padre Island*, edited by J. B. Arnold and R. Weddle, pp. 417 – 438. Academic Press, New York.

——. 1983. Basic Conservation Requirements of Marine Archaeology: Metals and Ceramics. *Proceedings of the Alaskan Marine Archeology Workshop*, by S. J. Langdon. Alaska Sea Grant College Program, University of Alaska, Fairbanks.

——. 1996. *Basic Methods of Conserving Underwater Archaeological Material Culture*. U. S. Department of Defense, Legacy Resource Management

Program, Washington, DC.

International Institute for Conservation (IIC). 1975. *Conservation in Archaeology and the Applied Arts*. Reprints of the Contributions to the Stockholm IIC Congress, 2 – 6 June, 1975. IIC, London.

Jenssen, V. , and C. Pearson. 1987. Environmental Considerations for Storage and Display of Marine Finds. In *Conservation of Marine Archaeological Objects*, edited by C. Pearson, pp. 268 – 270. Butterworths, London.

Leskard, M. 1987. The Packing and Transportation of Marine Archaeological Objects. In *Conservation of Marine Archaeological Objects*, edited by C. Pearson, pp. 117 – 121. Butterworths, London.

Mickey, C. D. 1980. Artifacts and the Electromotive Series. *Journal of Chemical Education* 57(4): 275 – 280.

Montlucon, J. 1986. *Electricity: A New Implement Archaeology*. Paper Delivered at the Annual Conference on Underwater Archaeology, 1986 Meeting, Sacramento, California.

Moyer, C. 1986 – 1988. Archaeological Conservation Forum. *The Society for Historical Archaeology Newsletter*.

____. 1986a. This is Not a Fixit Shop. *The Society for Historical Archaeology Newsletter* 19(2): 33 – 36.

____. 1986b. Storage of Artifacts. *The Society for Historical Archaeology Newsletter* 19(2): 33 – 36.

____. 1986c. The Curse of Iron. *The Society for Historical Archaeology Newsletter* 19(2): 12 – 14.

____. 1987a. Can the Curse be Lifted? *The Society for Historical Archaeology Newsletter* 20(1): 17 – 20.

____. 1987b. Iron Corrosion (continued). *The Society for Historical Archaeology Newsletter* 20(2): 28 – 30.

____. 1987c. Electrolytic Reduction, Iron. *The Society for Historical Archaeology Newsletter* 20(4): 14 – 16.

____. 1988a. Training in Conservation. *The Society for Historical Archaeology Newsletter* 21(2): 18 – 20.

____. 1988b. The Duco Dialogues. *The Society for Historical Archaeology Newsletter* 21(4): 8 – 10.

____. 1987. Electricity as a Means of Stripping Archaeological Objects. *The World Scientist* 82 – 86.

Organ, R. M. 1963. Consolidation of Fragile Metallic Objects. In *Recent Advances in Conservation*, edited by G. Thomson, pp. 128 – 133. Butterworths, London.

____. 1968. *Design for Scientific Conservation of Antiquities*. Smithsonian Institute Press, Washington, DC.

____. 1977, The Current Status of the Treatment of Corroded Metal Artifacts. In *Corrosion and Metal Artifacts*, edited by B. F. Brown, pp. 107 – 142. U. S. National Bureau of Standards, Department of Commerce, Washington, DC.

Pearson, Colin. 1987a. *Conservation of Marine Archaeological Objects*. Butterworths, London.

____. 1987b. On-Site Storage and Conservation. In *Conservation of Marine Archaeological Objects*, edited by C. Pearson, pp. 105 – 116. Butterworths, London.

Plenderleith, H. J., and A. E. A. Werner. 1977. *The Conservation of Antiquities and Works of Art*. Oxford University Press.

Pourbaix, M. 1966. *Atlas of Electrochemical Equilibrium*. Pergamon Press, Brussels.

Robinson, W. S. 1982. The Conservation and Preservation of Ancient Metals from Marine Sites. *International Journal of Nautical Archaeology* 11(3): 221 - 231.

Sease, C. 1987. A Conservation Manual for the Field Archaeologist. In *Archaeological Research Tools*. Vol. 4. Institute of Archaeology, University of California, Los Angeles.

SSCR. 1979. *The Proceedings of the Symposium the Conservation and Restoration of Metals*, *Edinburgh*, *Scotland*, *March 1979*, pp. 20 - 23. Scottish Society for Conservation and Restoration, Edinburgh. Thomson, G., ed. 1963. *Recent Advances in Conservation*. Butterworths, London.

UNESCO. 1968. Synthetic Material Used in the Conservation of Cultural Material. In The Conservation of Cultural Property. *Museum and Monuments* 11. UNESCO, Paris.

Weir, L. E. 1974. *The Deterioration of Inorganic Materials from the Sea*. Institute of Archaeology, London

黏合剂、加固剂和封护剂

Ashley-Smith, Jonathan, ed. 1983. *Adhesives and Coatings*. Vol. 3. Science for Conservators, Crafts Council Conservation Teaching Series, Crafts Council, London.

Feller, R. L., and M. Wilt. 1990. Evaluation of Cellulose Ethers for Conservation. *Research in Conservation Technical Report Series* No. 3. Getty Conservation Institute.

延伸阅读

Hughes, Elaine. 1984. *The Blackwater Draw Locality ♯ 1 Collection of the Museum, Texas Tech University: A Case Study in Conservation, Collection Management, and Data Reconstruction*. Master's Thesis, Texas Tech University, Lubbock.

Koob, S. P. 1986. The Use of Paraloid B-72 as an Adhesive: Its Application for Archaeological Ceramics and Other Materials. *Studies in Conservation* 31: 7 - 14.

Macbeth, J. A., and A. C. Strohlein. 1965. The Use of Adhesives in Museums. *Museum News* 7: 47 - 52.

Mavrov, G. 1983. Aging of Silicone Resins. *Studies in Conservation* 28: 171 - 178.

Nakhkla, S. M 1986. A Comparative Study of Resins for the Consolidation of Wooden Objects. *Studies in Conservation* 31(2): 38 - 44.

Rixon, A. E. 1976. *Fossil Animal Remains*. Athlone Press, London.

Rosenquists. A. M. 1963. New Methods for the Consolidation of Fragile Objects. In *Recent Advances in Conservation*, edited by G. Thomson, pp. 140 - 144. Butterworths, London.

Sease, C. 1981. The Case Against Using Soluble Nylon in Conservation Work. *Studies in Conservation* 26: 102 - 110.

UNESCO. 1968. Synthetic Material Used in the Conservation of Cultural Material. In The Conservation of Cultural Property, pp. 303 - 331. *Museum and Monuments* 11. UNESCO, Paris.

木质文物的保护

Ambrose, W. R. 1970. Freeze-Drying of Swamp-Degraded Wood. *Conservation of Stone and Wooden Objects* 2: 53 – 57. IIC, London.

____. 1975. S*tabilizing Degraded Swamp Wood*. ICOM Committee for Conservation, 4th Triennial Meeting, Venice. ICOM, Paris.

Barkman, Lars, and Anders Franzen. 1972. The *Wasa*: Preservation and Conservation. In Underwater Archaeology: A Nascent Discipline. *Museum and Monuments* 13: 231 – 241. UNESCO, Paris.

Biek, L., 1975, Some Notes on the Freeze Drying of Large Timbers. In Problems in the Conservation of Waterlogged Wood, edited by W. A. Oddy, pp. 25 – 29. *Maritime Monographs and Reports* No. 16. National Maritime Museum, Stockholm.

Bromemelle, N. S., and A. E. A. Werner. 1969. Deterioration and Treatment of Wood. In *Problems of Conservation in Museums*. George Allen and Unwin, London.

Brorson, C. 1970. The Conservation of Waterlogged Wood in the National Museum of Denmark. *Studies in Museum Technology* 1. The National Museum of Denmark, Copenhagen.

Bryce, T., H. McKerrell, and A. Varsanyi. 1975. The Acetone-Rosin Method for the Conservation of Waterlogged Wood and Some Thoughts on the Penetration of PEG into Oak. In Problems in the Conservation of Waterlogged Wood, edited by W. A. Oddy, pp. 35 – 43. *Maritime Monographs and Reports* No. 16. National Maritime Museum, Stockholm.

Buhion, C. 1991. Characterization and Conservation of Waterlogged Archaeological Wood. Ph. D. Thesis, University of Michigan, Ann Arbor.

Clark, R. W. and J. P. Squirrell. 1985. The Pilodyn-an Instrument for Assessing the Condition of Waterlogged Wooden Objects. *Studies in Conservation* 30: 177

- 183.

CETBGE（ICOM Waterlogged Wood Working Group Conference）. 1984. *Waterlogged Wood: Study and Conservation*. Proceedings of the 2nd ICOM Waterlogged Wood Working Group Conference, Grenoble, France. Grenoble: Centre d'Etude et de Traitement des Bois Gorges d'Eau.

de Witte, E., A. Terfve, and J. Vynckier. 1984. The Consolidation of the Waterlogged Wood from the Gallo-Roman Boats of Pommeroeul. *Studies in Conservation* 29: 77 - 83.

Grattan, D. W., ed. 1982a. *Proceedings of the ICOM Waterlogged Wood Working Group Conference*. Waterlogged Wood Working Group, Committee for Conservation, ICOM, Ottowa.

Grattan, D. W. 1982b. A Practical Comparative Study of Several Treatments for Waterlogged Wood. *Studies in Conservation* 27: 124 - 136.

＿＿. 1987. Waterlogged Wood. In *Conservation of Marine Archaeological Objects*, edited by C. Pearson, pp. 55 - 67. Butterworths, London.

Grattan, D. W., and R. L. Barclay. 1988. A Study of Gap-Fillers for Wooden Objects. *Studies in Conservation* 33: 71 - 86.

Grattan D. W., and R. W. Clark. 1987. Conservation of Waterlogged Wood. In *Conservation of Marine Archaeological Objects*, edited by C. Pearson, pp. 164 - 206. Butterworths, London.

Grattan, D. W., and J. C. McCawley. 1978. The Potential of the Canadian Winter Climate for the Freeze Drying of Degraded Waterlogged Wood. *Studies in Conservation* 23: 157 - 167.

Grosso, G. H., ed. 1976. *Pacific Northwest Wet Wood Conference Proceedings*. Neah Bay, Washington.

Hillman, D., and M. E. Florian. 1985. A Simple Conservation Treatment for Wet Archaeological Wood. *Studies in Conservation* 30: 39 – 44.

Hochman, H. 1973. *Degradation and Protection of Wood from Marine Organisms Deterioration and its Preventive Treatments*. Syracuse University Press, New York.

Hoffmann, P. 1983. A Rapid Method for the Detection of Polyethylene Glycols (PEG) in Wood. *Studies in Conservation* 28: 189 – 193.

____. 1986. On the Stabilization of Waterlogged Oakwood with PEG. II: Designing a Two-Step Treatment for Multi-Quality Timbers. *Studies in Conservation* 31: 103 – 113.

McCawley, J. C. 1977. Waterlogged Artifacts: The Challenge to Conservation. *Journal of the Canadian Conservation Institute* 2: 17 – 26.

McCawley, J. C., D. W. Grattan, and C. Cook. 1982. Some Experiments in Freeze Drying: Design and Testing of a Non-Vacuum Freeze Drying. In *Proceedings of the ICOM Waterlogged Wood Working Group Conference*, edited by D. W. Grattan, pp. 253 – 262. Waterlogged Wood Working Group, ICOM Committee for Conservation, Ottowa.

McKerrell, H., E. Roger, and A. Varsanyi. 1972. The Acetone/Rosin Method for the Conservation of Waterlogged Wood. *Studies in Conservation* 17: 111 – 125.

Muller-Beck, H., and A. Haas. 1960. A Method for Wood Preservation Using Arigal C. *Studies in Conservation* 5: 150 – 157.

Murdock, L. D. 1978. A Stainless Steel Polyethylene Glycol Treatment Tank for the Conservation of Waterlogged Wood. *Studies in Conservation* 23: 69 – 76.

Muthlethaler, B. 1973. *Conservation of Waterlogged Wood and Wet Leather*.

Editions Eyrolles, Travaux et Publications 9, Paris, France.

Nakhla, S. M. 1986. A Comparative Study of Resins for the Consolidation of Wooden Objects. *Studies in Conservation* 31: 38: 44.

Oddy, W. A. , ed. 1975. Problems in the Conservation of Waterlogged Wood. *Maritime Monographs and Reports* 16. National Maritime Museum, Stockholm.

Padfield, T. 1969. The Deterioration of Cellulose. In *Problems of Conservation in Museums*. George Allen and Unwin, London.

Parrent, J. M. 1983. The Conservation of Waterlogged Wood Using Sucrose. Unpublished Master's Thesis, Department of Anthropology, Texas A&M University, College Station.

____. 1985. The Conservation of Waterlogged Wood Using Sucrose. *Studies in Conservation* 30: 63 - 72.

Rosenquist, A. M. 1959a. Stabilizing of Wood Found in the Viking Ship of Oseburg, Part I. *Studies in Conservation* 4: 13 - 21.

____. 1959b. Stabilizing of Wood Found in the Viking Ship of Oseburg, Part II. *Studies in Conservation* 4: 62 - 72.

____. 1975. Experiments on the Conservation of Waterlogged Wood and Leather by Freeze-Drying. In *Problems in the Conservation of Waterlogged Wood*, edited by W. A. Oddy, pp. 9 - 23. *Maritime Monographs and Reports* No. 16. National Maritime Museum, Stockholm.

Simunkova, E. , Z. Smejkalova, and J. Zilinger. 1983. Consolidation of Wood by the Method of Monomer Polymerization in the Object. *Studies in Conservation* 28: 133 - 144.

Squirrell, J. P. , R. W. Newton, and J. H. Sharp. 1987. An Investigation into the Condition and Conservation of the Hull of the Mary Rose. Part I: Assessment of the Hull Timbers. *Studies in Conservation* 32: 153 – 167.

Smith, C. Wayne. 2003. *Archaeological Conservation Using Polymers*. Texas A&M University Anthropology Series, Number Six, Texas A&M University Press, College Station, Texas.

Tomashevich, G. N. 1969. The Conservation of Waterlogged Wood. *Problems of Conservation in Museums*. George Allen and Unwin, London.

Vries-Zuiderbaan, L. H., ed. 1979. *Conservation of Waterlogged Wood: International Symposium on the Conservation of Large Objects of Waterlogged Wood*. Netherlands National Commission for UNESCO, The Hague.

Watson, J. 1982. The Application of Freeze-Drying on British Hardwoods from Archaeological Excavations. In *Proceedings of the ICOM Waterlogged Wood Working Group Conference*, edited by D. W. Grattan, pp. 237 – 242. Waterlogged Wood Working Group, Committee for Conservation, ICOM, Ottowa.

有机质文物的保护(非木质文物)

Carbone, V. A., and B. C. Keel. 1985. Preservation of Plant and Animal Remains. In *The Analysis of Prehistoric Diets*. Academic Press, Orlando.

Florian, M-L. 1987. Deterioration of Organic Materials other than Wood. In *Conservation of Marine Archaeological Objects*, edited by C. Pearson, pp. 21 – 54. Butterworths, London.

Jenssen, V. 1983a. Water-Degraded Organic Materials: Skeletons in our Closets. *Museum* 137.

_____. 1983b. Conservation of Organic Marine Archaeological Materials. In

Proceedings of the Alaskan Marine Archeology Workshop. Alaska: Alaska Sea Grant College Program, University of Alaska, Fairbanks.

Rosenquist, A. M. 1975. Experiments on the Conservation of Waterlogged Wood and Leather by Freeze Drying. In *Problems in the Conservation of Waterlogged Wood*, edited by W. A. Oddy, pp. 9 - 23. *Maritime Monographs and Reports* No. 16. National Maritime Museum, Stockholm.

Smith, C. Wayne. 2003. *Archaeological Conservation Using Polymers*. Texas A&M University Anthropology Series, Number Six, Texas A&M University Press, College Station, Texas.

纺织品的保护

Annis, and Reagan. 1979. Evaluation of Selected Bleaching Treatments Suitable for Historic White Cotton. *Studies in Conservation* 24: 171 - 178.

Bengtsson, S. 1975. Preservation of the *Wasa* Sails. In *Conservation in Archaeology and the Appled Arts*, pp. 33 - 35. IIC, London.

Erling, J. A. 1977. The Treatment of Waterlogged Textiles from the Excavation of the *Machault*. Paper Presented to the Annual SHA/CUA Conference, Ottawa, Canada.

Landi, S. , and R. M. Hall. 1979. The Discovery and Conservation of an Ancient Egyptian Linen Tunic. *Studies in Conservation* 24: 141 - 152.

Marko, K. , and M. Dobbie. 1982. The Conservation of an Eighth-Century A. D. Sleeveless Coptic Tunic. *Studies in Conservation* 27: 154 - 160.

Smith, C. Wayne. 2003. *Archaeological Conservation Using Polymers*. Texas A&M University Anthropology Series, Number Six, Texas A&M University Press, College Station, Texas.

Tilbrook, D.R., and C. Pearson. 1976. The Conservation of Canvas and Rope Recovered from the Sea. In *Pacific Northwest Wet Wood Conference Proceedings*, edited by G. H. Grosso, pp. 61 – 66. Pacific Northwest Wet Wood Conference, Neah Bay, Washington.

皮革制品的保护

Guldbeck, P. E. 1969. Leather: Its Understanding and Care. *History News* 24.4.

Jenssen, V. 1987. Conservation of Wet Organic Artifacts Excluding Wood. In *Conservation of Marine Archaeological Objects*, edited by C. Pearson, pp. 122 – 163. Butterworths, London.

Morris, K., and B. L. Seifert. 1973. Conservation of Leather and Textiles from the *Defense*. *American Institute of Conservation* 18(1): 33 – 43.

Muthlethaler, B. 1973. *Conservation of Waterlogged Wood and Wet Leather*. Editions Eyrolles, Travaux et Publications 9, Paris, France.

Schaffer, E. 1974. Properties and Preservation of Ethnographical Semi-Tanned Leather. *Studies in Conservation* 19: 66 – 75.

Smith, C. Wayne. *2003. Archaeological Conservation Using Polymers*. Texas A&M University Anthropology Series, Number Six, Texas A&M University Press, College Station, Texas.

van Dienst, E. 1985. Some Remarks on the Conservation of Wet Archaeological Leather. *Studies in Conservation* 30: 86 – 92.

van Soest, H. B., T. Stambolov, and P. B. Hallebeek. 1984. Conservation of Leather. *Studies in Conservation* 29: 21 – 31.

Waterer, J. W. 1972. *A Guide to the Conservation and Restoration of Objects*

Made Wholly or in Part of Leather. Drake Publishers, New York.

骨质和牙质文物的保护

Lafontaine, R. H., and P. A. Wood. 1982. The Stabilization of Ivory Against Relative Humidity Fluctuations. *Studies in Conservation* 27: 109 - 117.

Matienzo, L. J., and C. E. Snow. 1986. The Chemical Effects of Hydrochloric Acid and Organic Solvents on the Surface of Ivory. *Studies in Conservation* 31: 133 - 139.

Stone, T., D. N. Dickel, and G. H. Doran. n. d. The Conservation of Waterlogged Bone from the Windover Site: A Comparison of Methods. Unpublished Manuscript, Department of Anthropology, Florida State University.

陶瓷器的保护

Denio, A. A. 1980. Chemistry for Potters. *Journal of Chemical Education* 57 (4): 272 - 275.

Hodges, H. W. M. 1975. Problems and Ethics of the Restoration of Pottery. In *Conservation in Archaeology and the Applied Arts*, pp. 37 - 54. IIC, London.

Mibach, E. T. G. 1975. The Restoration of Coarse Archaeological Ceramics. In *Conservation in Archaeology and the Applied Arts*, pp. 55 - 65. IIC, London.

Olive, J., and C. Pearson. 1975. The Conservation of Ceramics from Archaeological Sources. In *Conservation in Archaeology and the Applied Arts*, pp. 63 - 68. IIC, London.

Pearson, C. 1987. Conservation of Ceramics, Glass and Stone. In *Conservation of Marine Archaeological Objects*, edited by C. Pearson, pp. 253 - 267.

Butterworths, London.

玻璃器皿的保护

Brill, R. H. 1962. A Note of the Scientist's Definition of Glass. *Journal of Glass Studies* 4: 127 - 138.

Gerassimova, N. G. 1975. Cleaning and Conservation of Ancient Glass in the State Hermitage Museum. Paper Delivered to the Annual IIC Congress, Stockholm, Sweden.

Moncrieff, A. 1975. Problems and Potentialities in the Conservation of Vitreous Materials. In *Conservation in Archaeology and the Applied Arts*. IIC, London.

Newton, R., and S. Davison. 1989. *Conservation of Glass*. Butterworths, London.

Pearson, C. 1987. Deterioration of Ceramics, Glass, and Stone. In *Conservation of Marine Archaeological Objects*, edited by C. Pearson, pp. 99 - 104. Butterworths, London.

石质文物的保护

Kotlik, P., P. Justa, and J. Zelinger. 1983. The Application of Epoxy Resins for the Consolidation of Porous Stone. *Studies in Conservation* 28: 75 - 79.

金属制品的保护

Brown, B. F., ed. 1977. *Corrosion and Metal Artifacts*. National Bureau of Standards, U. S. Department of Commerce, Washington, DC.

Gettens, R. 1964. *The Corrosion Products of Metal Antiquities*. Smithsonian Institute Publication 4588, Washington DC.

延伸阅读

Hamilton, D. L. 1976. *Conservation of Metal Objects from Underwater Sites: A Study in Methods*. Texas Antiquities Committee Publication No. 1, Austin.

____. 1978. Conservation Procedures Utilized for the 16th-Century Spanish Shipwreck Materials. In *Nautical Archaeology of Padre Island*, edited by J. B. Arnold and R. Weddle, pp. 417 – 438. Academic Press, New York.

____. 1983. Basic Conservation Requirements of Marine Archaeology: Metals and Ceramics. In *Proceedings of the Alaskan Marine Archeology Workshop*, edited by S. J. Langdon. Alaska Sea Grant College Program, University of Alaska, Fairbanks.

____. 1996. *Basic Methods of Conserving Underwater Archaeological Material Culture*. U. S. Department of Defense, Legacy Resource Management Program, Washington, DC.

Organ, R. M. 1963. Consolidation of Fragile Metallic Objects. In *Recent Advances in Conservation*, edited by G. Thompson, pp. 128 – 133. Butterworths, London.

____. 1977. The Current Status of the Treatment of Corroded Metal Artifacts. In *Corrosion and Metal Artifacts*, edited by B. F. Brown, pp. 107 – 142. National Bureau of Standards, U. S. Department of Commerce, Washington, DC.

Patton, R. 1987. The Conservation of Artifacts from One of the World's Oldest Shipwrecks, The Ulu Burun, Ka Shipwreck, Turkey. In *Recent Advances in the Conservation and Analysis of Artifacts*, compiled by J. Black, pp. 41 – 49. Summers Schools Press, London.

Plenderleith, H. J., and G. Torraca. 1968. The Conservation of Metals in the Tropics. In The Conservation of Cultural Property, pp. 237 – 249. *Museum and Monuments* 11. UNESCO, Paris.

铁器的保护

Aldaz, A., T. Espana, V. Montiel, and M. Lopez-Segura. 1986. A Simple Tool for the Electrolytic Restoration of Archaeological Metallic Objects with Localized Corrosion. *Studies in Conservation* 31(4): 175 - 177.

Argo, J. 1981. On the Nature of Ferrous Corrosion Products on Marine Iron. *Studies in Conservation* 26: 42 - 44. Barkman, L. 1975. Corrosion and Conservation of Iron. In *Conservation in Archaeology and the Applied Arts*, pp. 169 - 171. IIC, London.

____. 1978. Conservation of Rusty Iron Objects by Hydrogen Reduction. In *Corrosion and Metal Artifacts*, edited by B. F. Brown, pp. 156 - 166. National Bureau of Standards, U. S. Department of Commerce, Washington, DC.

Bryce, T. 1979. Alkaline Sulphite Treatment of Iron at the National Museum of Antiquities of Scotland: The Conservation and Restoration of Metals. In *The Proceedings of the Symposium on the Conservation and Restoration of Metals*, *Edinburgh*, *Scotland*, *March* 1979, pp. 20 - 23. Scottish Society for Conservation and Restoration, Edinburgh.

Carlin, Worth, Donald Keith, and Juan Rodriquez, 2001, Less is More: Measure of Chloride Removal Rate from Iron Artifacts during Electrolysis. *Studies in Conservation*, Vol. 46, No. 1, pp. 68 - 76.

Carlin, Worth, and Donald Keith, 1996, An Improved Tannin-Based Corrosion Inhibitor-Coating System for Ferrous Artrefacts. *The International Journal of Nautical Archaeology*, 25.1: 38 - 45.

Clarke, R. W., and S. M. Blackshaw, eds. 1982. *Conservation of Iron*.

Maritime Monographs and Reports, National Maritime Museum, Greenwich, London.

Eriksen, E., and S. Thegel. 1966. Conservation of Iron Recovered From the Sea. *Tojhusmuseets Skrifter 8*.

Farrer, T. W., L. Blek, and F. Wormwell. 1953. The Role of Tannates and Phosphates in the Preservation of Ancient Iron Objects. *Journal of Applied Chemistry* 80 – 84.

Fenn, J. D., and K. Foley. 1975. Passivation of Iron. In *Conservation in Archaeology and the Applied Arts*, pp.195 – 198. IIC, London.

Gilberg, M. R., and N. J. Seeley. 1981. The Identity of Compounds Containing chloride Ions in Marine Iron Corrosion Products: A Critical Review. *Studies in Conservation* 26: 50 – 56.

____. 1982. The Alkaline Sodium Sulphite Reduction Process for Archaeological Iron: A Closer Look. *Studies in Conservation* 27: 180 – 184.

Keene, S., and C. Orton. 1985. Stability of Treated Archaeological Iron: An Assessment. *Studies in Conservation* 30: 136 – 142.

Logan, J. 1989. Tannic Acid Treatment. *Canadian Conservation Institute Notes* 9(5).

Selwyn, L. S., W. R. McKinnon, and V. Argyropoulos, Models for Chloride Ion Diffusion in Archaeological Iron. *Studies in Conservation*, 46: No. 2, pp. 109 – 120.

Muncher, D. A. 1988. Composite Casting of Partially Degraded Iron Artifacts. *Studies in Conservation* 33: 94 – 96.

North, N. A. 1976. Thermal Stability of Cast and Wrought Marine Iron. *Studies in Conservation* 21: 75 – 83.

____. 1982. Corrosion Products on Marine Iron. *Studies in Conservation* 27: 75 – 83.

____. 1987. Conservation of Metals. In *Conservation of Marine Archaeological Objects*, edited by C. Pearson, pp. 207 – 252. Butterworths, London.

North, N. A., and I. D. MacLeod. 1987. Corrosion of Metals. In *Conservation of Marine Archaeological Objects*, edited by C. Pearson, pp. 68 – 98. Butterworths, London.

North, N. A., and C. Pearson. 1975a. Investigation Into Methods for Conserving Iron Relics Recovered from the Sea. In *Conservation in Archaeology and the Applied Arts*, pp. 173 – 182. IIC, London.

____. 1975b. Alkaline Sulphite Reduction Treatment of Marine Iron. *Preprints, ICOM Committee for Conservation, 4th Triennial Meeting, Venice*. ICOM, Paris.

____. 1978. Washing Methods for Chloride Removal from Marine Iron Artifacts. *Studies in Conservation* 23: 174 – 186.

Patscheider, J., and S. Veprek. 1986. Application of Low-Pressure Hydrogen Pplasma to the Conservation of Ancient Iron Artifacts. *Studies in Conservation* 31: 29 – 37.

Pearson, C. 1972a. Restoration of Cannon and Other Relics From H. M. B. Endeavor. *Australian Defense Scientific Service Report* 508, Department of Supply, Australian Defence Scientific Service, Maribyrnong, Victoria.

____. 1972b. The Preservation of Iron Cannons after 200 Years Under the Sea. *Studies in Conservation* 17: 71 – 110.

Pelikan, J. B. 1968. Conservation of Iron with Tannin. *Studies in Conservation* 12: 109 – 115.

Scott, D. A., and N. J. Seeley. 1987. The Washing of Fragile Iron Artifacts. *Studies in Conservation* 32: 73 - 76.

Socha, J., M. Leslak, S. Safarzynski, and K. Leslak. 1980. Oxide Coating in the Conservation of Metal Monuments: The Column of King Sigismumdus III Waza in Warsaw. *Studies in Conservation* 1: 19 - 27.

Turgoose, S. 1982. Post-Excavation Changes in Iron Antiquities. *Studies in Conservation* 27: 97 - 101.

____. 1985. The Corrosion of Archaeological Iron During Burial and Treatment. *Studies in Conservation* 30: 13 - 18.

Tylecote, R. F., and J. W. B. Black. 1980. The Effect of Hydrogen Reduction on the Properties of Ferrous Materials. *Studies in Conservation* 25: 87 - 96.

Walker, R. 1982. The Corrosion and Preservation of Iron Antiquities. *The Journal of Chemical Education* 59(11): 943 - 947.

Watkinson, D. 1983. Degree of Mineralization: Its Significance for the Stability and Ttreatment of Excavated Ironwork. *Studies in Conservation* 28: 85 - 90.

Wihr, R. 1975. Electrolytic Desalination of Archaeological Iron. In *Conservation in Archaeology and the Applied Arts*, pp. 189 - 191. IIC, London.

铜器和铜合金的保护

Angelucci, S., P. Florentino, J. Kosinkova, and M. Marabelli. 1978. Pitting Corrosion in Copper and Copper Alloys: Comparative Treatment Tests. *Studies in Conservation* 24: 147 - 156.

Ganorkar, M. C., V. Pandit Rao, P. Gayathri, and T. A. Sreenivasa Rao. 1988. A Novel Method for Conservation of Copper-Based Artifacts. *Studies in*

Conservation 33(2): 97 – 101.

Green, V. 1975. The Use of Benzotriazole in Conservation. In *Conservation in Archaeology and the Applied Arts*, pp.– 15. IIC, London.

Hjelm-Hansen, N. 1984. Cleaning and Stabilization of Sulphide-Corroded Bronzes. *Studies in Conservation* 29: 17 – 20.

Horie, C. V., and J. A. Vint. 1982. Chalconatronite: A By-Product of Conservation? *Studies in Conservation* 27: 185 – 186.

Keith, Donald and Worth Carlin, 1997, A Bronze Cannon from *La Belle*, 1686: its Construction, Conservation, and Display. *Studies in Conservation* 26. 2: 144 – 158.

MacLeod, I.D. 1987. Conservation of Corroded Copper Alloys: A Comparison of New and Traditional Methods for Removing Chloride Ions. *Studies in Conservation* 32: 25 – 40.

Merk, L. E. 1978. A Study of Reagents Used in the Stripping of Bronzes. *Studies in Conservation* 26: 15 – 22.

_____. 1981. The Effectiveness of Benzotriazole in the Inhibition of the Corrosive Behavior of Stripping Reagents on Bronzes. *Studies in Conservation* 26: 73 – 76.

Scott, D. A. 1980. The Conservation and Analysis of Some Ancient Copper Alloy Beads from Columbia. *Studies in Conservation* 25: 157 – 164.

Sease, C. 1978. Benzotriazole: A Review for Conservators. *Studies in Conservation* 23: 76 – 85.

Walker, R. 1979. The Role of Benzotriazole in the Preservation of Antiquities. In *The Proceedings of the Symposium the Conservation and Restoration of Metals*, *Edinburgh*, *Scotland*, *March* 1979, pp. 40 – 44. Scottish Society for

延伸阅读

Conservation and Restoration, Edinburgh

———. 1980. Corrosion and Preservation of Bronze Artifacts. *Journal of Chemical Education* 57(4): 277 – 280.

Wisser, T. D. 1987. The Use of Sodium Carbonate as a Pre-Treatment for Difficult-to-Stabilize Bronzes. In *Recent Advances in the Conservation and Analysis of Artifacts*, compiled by J. Black, pp. 105 – 108. Summers Schools Press, London.

银器的保护

Charalambous, D., and W. A. Oddy. 1975. The 'Consolidative' Reduction of Silver. In *Conservation in Archaeology and the Applied Arts*, pp. 219 – 228. IIC, London.

Daniels, V. 1981. Plasma Reduction of Silver Tarnish on Daguerreotypes. *Studies in Conservation* 26: 45 – 49. MacLeod, I. D., and N. A. North. 1979. Conservation of Corroded Silver. *Studies in Conservation* 24: 165 – 170.

Sramek, J., T. B. Jakobsen, and J. B. Pelikan. 1978. Corrosion and Conservation of a Silver Visceral Vessel from the Beginning of the 17th century. *Studies in Conservation* 23: 114 – 117.

金器的保护

Scott, D. A. 1983. The Deterioration of Gold Alloys and Some Aspects of Their Conservation. *Studies in Conservation* 28: 194 – 201.

铅器和铅合金的保护

Caley, E. R. 1955. Coatings and Encrustations on Lead Objects from the Agora and the Method Used for Their Removal. *Studies in Conservation* 2: 49 – 54.

Carlin, W. and D. Keith, 1997, On the Treatment of Pewter Plates from the Wreck of *La Belle*, 1686. *The International Journal of Nautical Archaeology*, 26.1: 70.

Lane, H. 1975. The Reduction of Lead. In *Conservation in Archaeology and the Applied Arts*, pp. 215 – 218. IIC, London.

____. 1979. Some Comparisons of Lead Conservation Methods, Including Consolidative Reduction. In *The Proceedings of the Symposium the Conservation and Restoration of Metals*, *Edinburgh*, *Scotland*, *March 1979*, pp. 50 – 66. Scottish Society for Conservation and Restoration, Edinburgh.

Mattias, P. , G. Maura, and G. Rinaldi. 1984. The Degradation of Lead Antiquities from Italy. *Studies in Conservation* 29: 87 – 92.

铝器的保护

MacLeod, I. D. 1983. Stabilization of Corroded Aluminum. *Studies in Conservation* 28: 1 – 7.

译 后 记

众所周知,得克萨斯农工大学是美国乃至世界的水下考古重镇。1976年,水下考古学之父乔治·F.巴斯(George F. Bass)在此创建了航海考古学院(Institute of Nautical Archaeology),开始实施航海考古学项目(Natutical Archaeology Program),该学院隶属于人类学系,可授予硕士或博士学位,至此航海考古学科得以建立。这应该是全球首个航海考古学领域的学术项目。过去数十年间,很多重要的沉船和水下考古项目都与该项目和航海考古学院有关,如土耳其SerçeLimani的11世纪拜占庭玻璃沉船遗骸、土耳其乌鲁布伦(Uluburun)青铜时代的沉船、格里多亚角(Cape Gelidonya)的一艘9世纪沉船、特克斯和凯科斯群岛16世纪早期的西班牙沉船、牙买加罗亚尔港遗址(Port Royal,Jamaica)著名的水下城址等。

航海考古学项目课程集中于三个领域:航海和海洋贸易史、造船史、考古文物保护。因为在水下考古项目实施、船只建造和复原、水下遗址出水文物保护等方面的研究成果斐然,该项目在国际上广为人知。本书是便是得克萨斯农工大学人类学系"文物保护"课程供学生结合课程使用的实验室手册。本书所属课程的重点是介绍水下遗址，尤其是海洋遗址出水文物保护评估和处理的基本技术。作者丹尼·汉密尔顿（Donny Hamilton）教授曾任航海考古项目和文物保护研究实验室负责人，因大量考古项目的保护工作而闻名。本书是他多年收集的资料、课堂讲义的汇编，内容涵盖了各种材质出水文物的保护处理，更重要的是对不同处理方法的批判性评论，提醒文保人员时刻不忘"最佳方案"和"备选方案"。

2015年底，本书的译者之一赵荦受上海市文物保护研究中心派遣，至广东阳江参加由中国文化遗产研究院举办的出水金属文物科学保护修复培训班，其间深感我国海洋出水文物保护尚在摸索阶段，专业人员少、案例少，能利用的文献资料也不多。当时北京大学考古文博学院周双林副教授在授课时，介绍了这本极具操作性的海洋遗址出水文物保护手册。在课后跟周副教授的交流中，得知此书在出水文物保护领域具有工具书的性质，且尚未有中文版，随即萌生了翻译成中文出版的念头。

培训结束后译者回到上海，随即向领导汇报了此事，得到了时任中心主任褚晓波、研究部主任翟杨的大力支持，得以立项。赵荦立刻与得克萨斯农工大学人类学系、Hamilton教授联系本书版权事宜，很快就得到了系主任凯文·克里斯曼（Kevin Crisman）教授和Hamilton教授的回信：此书尚未公开出版，作者Hamilton教授授权翻译以及免除著作版权费在中国大陆出版，希望对中国的出水文物保护事业有所帮助。

随后翻译小组便成立起来，根据原著1999年1月1日的版本展开工作，具体分工如下：

赵　荦　第一至七章，第九至十一章

金　涛　第八章，第十二至十八章

翻译工作是漫长的，最初的译者之一上海博物馆解明思老师因故退出翻译工作，后来又经历了漫长的校对过程，北京大学考古文博学院周双林副教授、李艳红、孙思源同学，国家文物局水下文化遗产保护中心水下文物保护所张治国副研究员，复旦大学文物与博物馆学系曹小燕博士，上海大学文学院杨谦博士，中国航海博物馆叶冲老师，成都市考古研究院白露老师，郑州轻工业学院杨朔同学和北京联合大学李彤同学等，分别多次校对译稿。最后，由赵荦负责对本书进行了统一校对。

本书的体量虽小，但涉及各种材质的出水文物，因此涉及不同相关学科的内容和术语，翻译的难度可想而知。译者虽与水下考古、出水文物保护专业相关，但并非专业的译者，在术语推敲、行文流畅等问题的把握上，都可能存在一定的问题，甚至不排除错译术语、曲解文意的可能性。在校对过程中，恰逢赵荦参加水下考古培训、金涛博士毕业和喜得贵子、解明思辞职深造，最后的统校也是忙碌中仓促而为。很多海外归国的同仁都说，学术翻译是吃力不讨好的事情，专业人员会以极其挑剔的态度对待译著中的错误，职称评定时也不认可。然而就此书而言，原著者 Hamilton 教授公开电子版供全世界文保人员下载使用，无偿授予版权，译者和校者诸事缠身仍能欣然接纳此事，始终不问酬劳，都是希望能够为我国文保工作者提供参考资料，为保护出水文物尽一己之绵薄。

如今书稿终将付梓，除上述提到的促进此书翻译出版事宜的诸位，还有上海交通大学出版社钱方针博士、王珍女士、张呈瑞女士、张善涛先生，协助处理版权、组织编辑，为本书的顺利出版付出了很多的心力。在此一并致以谢意！

赵　荦、金　涛

2018 年 12 月